Guia Completo

Hands-on

Jair Lima

Jackson Mallmann

ISBN-13: 978-65-266-3760-9
ISBN-KDP: 9798311485258

///make

FICHA CATALOGRÁFICA

Autor: Jair Lima e Jackson Mallmann
Título: Make.com[1] Guia Completo – Hands-on
Subtítulo: Do Básico ao Avançado: Cenários, Integração com IA e Boas Práticas Empresariais
Edição: 1ª edição
Local: Três Coroas, RS
Editora: Lima Editora do Brasil
Ano: 2025
Páginas: 186
ISBN: 978-65-266-3760-9
Assuntos:

1. Automação de Processos.
2. Integração de Sistemas.
3. Make.com.
4. Inteligência Artificial.
5. APIs de IA.
6. Cenários Automatizados.
7. Eficiência Operacional.

CDD: 004.678 – Tecnologia da Informação / Automação
CDU: 681.3.06 – Sistemas Automatizados de Informação

Resumo:
Este livro é um guia prático e completo sobre o **Make.com**, abordando desde os conceitos fundamentais até cenários complexos de automação empresarial. Os autores exploram **integrações com APIs de Inteligência Artificial (ChatGPT, Gemini, Claude, Groq)**, cenários práticos para marketing, atendimento ao cliente, gestão de projetos e e-commerce. Inclui estudo de casos, boas práticas, erros comuns e estratégias para governança de automações. Ideal para iniciantes, especialistas em TI e empresas que buscam eficiência e inovação por meio da automação inteligente.

Catalogação elaborada conforme as normas da ABNT.
Responsável pela catalogação: Lima Editora do Brasil
Data: Fevereiro de 2025

DEDICATÓRIA

Dedico este livro a **todos aqueles que ousam enxergar além do óbvio**, que acreditam no poder da tecnologia não como um substituto do esforço humano, mas como um **catalisador de sonhos e realizações**.

À minha **esposa Carina e aos meus filhos Rayssa e Raysson**, pelo apoio constante e paciência em cada momento desta jornada.

Aos **curiosos e inovadores**, que encontram nas linhas de código e nos fluxos automatizados não apenas soluções, mas oportunidades para transformar o mundo ao seu redor.

E, acima de tudo, **a Deus**, pela sabedoria, força e inspiração para concluir esta obra.

Que este livro seja não apenas um guia técnico, mas uma **ponte para um futuro mais eficiente, inteligente e humano**.

Com gratidão,
Jair Lima

make

CONTEÚDO

Ficha Catalográfica III

Dedicatória.. V

Conteúdo VII

Agradecimentos... 1

Comentário do Coautor 3

Introdução 5

Capítulo 1: Introdução à Era da Automação 9

1.1 O que é automação e por que ela é essencial no mundo moderno?.... 9

1.2 Exemplos de automação no dia a dia 10

1.3 Como o Make.com se encaixa no cenário das ferramentas de automação.. 10

1.4 Diferenças entre automação simples (Zapier) e automação avançada (Make.com)... 11

1.5 Make.com vs n8n: Uma Comparação Detalhada 12

1.6 Conclusão do Capítulo.. 14

Capítulo 2: Conhecendo o Make.com – O Que é e Como Funciona?...15

2.1 Uma breve história do Make.com (antigo Integromat) 15

2.2 O que é uma plataforma de automação visual?................................15

2.3 Por que escolher o Make.com para seus projetos?..............................16

2.4 Visão geral da interface: Cenários, Módulos, Fluxos de Trabalho.....17

2.5 A Plataforma do Make.com - Tela a tela................................19

Tela Inicial do Make.com: Primeiros Passos na Automação................19

Tela de Login do Make.com: Acesso Simples e Diversificado............21

Tela de Gerenciamento de Organização no Make.com 23

Tela de Gerenciamento de Equipe no Make.com................................25

Tela de Gerenciamento de Cenários no Make.com 26

Tela de Modelos Predefinidos no Make.com..27

Tela de Conexões no Make.com 29

Tela de Webhooks no Make.com.......................................31

Tela de Gerenciamento de Chaves no Make.com 33

Tela de Gerenciamento de Dispositivos no Make.com........................35

Tela de Armazenamentos de Dados no Make.com 37

Tela de Estruturas de Dados no Make.com 39

Tela de Aplicativos Personalizados no Make.com 41

Tela da Central de Recursos no Make.com 43

Tela de Atualizações - Quais as Novas no Make.com.........................45

Tela de Notificações no Make.com 47

Tela da Central de Ajuda no Make.com 48

Tela do Make Academy 50

Tela do Diretório de Parceiros no Make.com 52

Tela de Suporte e Introdução ao Make.com 54

Tela do Programa de Afiliados do Make 56

Tela de Organização - Make.com 58

2.6 Configuração de Fuso Horário no Make.com: Evitando Problemas em Automações 60

2.7 Conclusão do Capítulo 62

Capítulo 3: A Linguagem Visual da Automação 65

3.1 Entendendo o conceito de "Cenários" 65

3.2 Como funcionam os "Módulos" 66

3.3 O fluxo de dados entre diferentes etapas 67

3.4 Erros comuns ao começar e como evitá-los 68

3.5 Conclusão do Capítulo 69

Capítulo 4: Conectando Aplicativos – Primeiros Passos na Automação 71

4.1 Como criar sua primeira integração 71

4.2 Conectando aplicativos populares (Gmail, Google Sheets, Trello) ... 72

4.2.1 Passo a Passo: Conectando o Gmail ao Make 73

4.3 Criando triggers para iniciar automações 83

4.4 Testando e monitorando um cenário simples 83

4.5 Conclusão do Capítulo...84

Capítulo 5: Manipulação de Dados – Transforme Informações com Precisão 85

5.1 Como filtrar, formatar e transformar dados............................85

5.2 Funções avançadas para cálculos, datas e textos.....................86

5.3 Como evitar perda de dados durante o fluxo de trabalho..................87

5.4 Exemplos práticos de manipulação de dados.........................88

5.5 Conclusão do Capítulo...89

Capítulo 6: Fluxos de Trabalho Inteligentes – Criando Automações Poderosas...91

6.1 Como estruturar automações complexas.................................91

6.2 Uso de múltiplos módulos e ramificações lógicas...................92

6.3 Criação de fluxos condicionalmente dependentes..................93

6.4 Melhores práticas para cenários eficientes.............................94

6.5 Conclusão do Capítulo...95

Capítulo 7: Casos de Uso Práticos – Make.com em Ação.97

7.1 Automação de Marketing: Fluxo de Leads para CRM.......................97

7.2 Atendimento ao Cliente: Suporte automatizado entre sistemas.........98

7.3 Gestão de Projetos: Sincronização de Tarefas e Planilhas..................99

7.4 E-commerce: Notificações automáticas para clientes.....................100

7.5 Exemplos Práticos Mais Variados: Expansão da Automação para Novas Áreas 100

7.6 Conclusão do Capítulo...102

Capítulo 8: Erros Comuns e Como Solucioná-los 105

8.1 Como usar logs para identificar problemas 105

8.2 Erros frequentes ao configurar cenários 106

8.3 Como depurar cenários problemáticos 107

8.4 Boas práticas para manutenção de automações.................108

8.5 Erro de Modelo Descontinuado no Make.com (Caso Real).............109

8.6 Conclusão do Capítulo...112

Capítulo 9: Make.com vs Outras Ferramentas – Entenda as Diferenças 113

9.1 Comparação com Zapier, Power Automate e outras ferramentas...113

9.2 Vantagens e desvantagens do Make.com............................116

9.3 Quando usar o Make.com e quando optar por outra ferramenta....117

9.4 Conclusão do Capítulo...118

Capítulo 10: Prepare-se para Escalar – Automação em Nível Empresarial 119

10.1 Como o Make.com se adapta a demandas maiores........................119

10.2 Cenários de automação complexa em empresas........................120

10.3 Integração com APIs personalizadas...............................121

10.4 A importância da governança na automação 122

10.5 Segurança na Automação: Boas Práticas e Proteção de Dados 123

10.6 Conclusão do Capítulo..125

Capítulo 11: O Futuro da Automação com Make.com ...127

11.1 Tendências em automação de processos 127

11.2 O papel da Inteligência Artificial no Make.com 128

11.3 Como se manter atualizado com novas funcionalidades 129

11.4 Preparando-se para um mundo cada vez mais automatizado 130

11.5 Automação Inteligente: Explorando o Potencial da Inteligência
Artificial Generativa 131

11.6 Conclusão do Capítulo 134

Capítulo 12: Integração de Inteligência Artificial via API no Make.com 135

12.1 O Poder da IA Integrada ao Make.com 135

12.2 Principais APIs de IA e seus Usos no Make.com 135

12.3 Estudo de Caso: Automação de Respostas Inteligentes para
Atendimento ao Cliente 138

12.4 Passo a Passo: Integração de uma API de IA no Make.com 139

12.5 Conclusão do Capítulo 140

Capítulo 13: Guia de Recursos Adicionais e Comunidade Make.com 141

13.1 Tutoriais e Documentação Oficial 141

13.2 Fóruns e Comunidades para usuários do Make.com 142

13.3 Dicas para continuar aprendendo 143

13.4 Encerramento com um convite para explorar mais! 144

Conclusão 147

Epílogo: O Amanhã da Automação – Próximos 10 e 20

Anos 149

 ☠ Os Próximos 10 Anos: A Era da Automação Inteligente 149

 ⚒ Os Próximos 20 Anos: A Automação como Pilar da Sociedade
Digital 150

 ◎ Reflexão Final: O Amanhã é Agora 152

Referências 153

Glossário de Termos 157

FAQ – Perguntas Frequentes 163

Outras Obras 167

Proteção do Consumidor contra o Phishing no uso do Internet Banking
.... 167

Utilização de Navegadores da Deep Web para Navegar na Internet: Uma
Abordagem na Segurança da Informação e na Navegação Anônima 169

Sobre os Autores 171

///make

AGRADECIMENTOS

Primeiramente, agradeço a **Deus**, fonte inesgotável de força, inspiração e sabedoria, que me sustentou em cada etapa desta jornada.

À minha **família**, por todo apoio, paciência e compreensão durante as longas horas dedicadas a esta obra. Especialmente à minha esposa, **Carina**, e aos meus filhos, **Rayssa e Raysson**, que sempre foram meu refúgio e minha maior motivação.

Ao coautor **Dr. Jackson Mallmann**, por sua dedicação, insights valiosos e parceria nesta obra. Seu trabalho e compromisso foram fundamentais para que este livro se tornasse uma realidade.

Aos **amigos e colaboradores**, que contribuíram com sugestões, revisões e palavras de incentivo. Cada conversa, cada insight e cada troca de ideias foi essencial para que este livro ganhasse forma.

À **Lima Editora do Brasil**, pelo profissionalismo e cuidado em cada detalhe desta publicação. Obrigado por acreditarem neste projeto e por viabilizarem esta realização.

Aos **especialistas e entusiastas do Make.com**, cujas experiências, estudos de caso e conteúdos públicos serviram de base para a construção de muitos capítulos desta obra.

Aos **leitores**, que, com sua curiosidade e desejo de aprender, tornam este esforço significativo. Que este livro possa ser uma ferramenta útil e inspiradora em suas jornadas.

Por fim, agradeço a todos que, direta ou indiretamente, participaram deste projeto. Cada palavra escrita aqui carrega um pouco do apoio e da contribuição de vocês.

Com gratidão e respeito,
Jair Lima

make

COMENTÁRIO DO COAUTOR

Por Jackson Mallmann

Vivemos em uma era em que a tecnologia não é apenas uma ferramenta, mas uma extensão das nossas capacidades. O mundo digital transformou radicalmente a forma como nos comunicamos, trabalhamos e inovamos. Nesse cenário, o **Make.com** se destaca como uma plataforma essencial, não apenas para automação, mas para liberar tempo e recursos, permitindo que possamos focar no que realmente importa.

Ter a oportunidade de colaborar com **Jair Lima** nesta obra foi uma experiência enriquecedora. Jair não apenas domina o **Make.com**, mas enxerga além da técnica, trazendo uma visão estratégica e ética para a automação. Seu compromisso com a inovação e a excelência se reflete em cada capítulo deste livro.

O grande diferencial desta obra está justamente na forma como Jair conduz o leitor: ele não se limita a ensinar **"como fazer"**, mas aprofunda **"por que fazer"** e, principalmente, **"como fazer com inteligência e responsabilidade"**. Mais do que um guia técnico, este livro é uma bússola para aqueles que desejam navegar pelo universo da automação de forma prática e estratégica.

Independentemente de sua experiência, este livro oferece um conteúdo acessível, rico em exemplos práticos e aplicáveis. Ao final desta leitura, você não apenas dominará o **Make.com**, mas terá uma nova perspectiva sobre como a tecnologia pode potencializar seu trabalho e transformar processos de forma inovadora.

Parabéns, Jair, por esta contribuição tão relevante! Que cada leitor encontre nestas páginas o conhecimento e a inspiração necessários para elevar sua atuação no mundo da automação.

Dr. Jackson Mallmann

Professor no Instituto Federal Catarinense: Redes de Computadores e Segurança Computacional.

http://lattes.cnpq.br/4046837503511326

///make

INTRODUÇÃO

Vivemos em uma era onde **tempo e eficiência são moedas de alto valor.** Empresas, empreendedores e até mesmo indivíduos buscam maneiras mais inteligentes de realizar tarefas, evitar erros e otimizar seus processos diários. Nesse cenário, as ferramentas de **automação de processos** surgem como aliadas indispensáveis para quem deseja alcançar mais resultados com menos esforço manual.

Entre as diversas plataformas de automação disponíveis no mercado, o **Make.com** se destaca como uma solução poderosa, flexível e acessível para conectar aplicativos, manipular dados e criar fluxos de trabalho eficientes. Anteriormente conhecido como **Integromat**, o Make.com não apenas evoluiu em sua interface, mas também ampliou suas funcionalidades, tornando-se uma referência para automações simples e complexas.

Este livro foi projetado para ser o seu guia definitivo no Make.com. Seja você um profissional de TI, um empreendedor buscando otimizar seu negócio ou simplesmente alguém curioso sobre automação, este material vai guiá-lo passo a passo — desde a criação de cenários simples até a implementação de fluxos robustos e escaláveis.

O que você vai encontrar neste livro?

- **Conceitos Fundamentais:** Aprenda os princípios básicos da automação e como eles se aplicam ao Make.com.
- **Mão na Massa:** Descubra como criar suas primeiras automações, conectar aplicativos populares e gerenciar cenários.

- **Manipulação Avançada de Dados:** Domine a transformação, filtragem e manipulação precisa de informações.
- **Soluções Empresariais:** Veja como o Make.com pode ser aplicado em grandes organizações com cenários complexos e integração via APIs.
- **Erros Comuns e Soluções:** Saiba identificar e corrigir problemas comuns em automações.
- **Visão de Futuro:** Explore tendências de automação, o papel da Inteligência Artificial e como se preparar para o amanhã.

Por que aprender Make.com?

O Make.com não é apenas mais uma ferramenta de automação — **é uma ponte entre diferentes sistemas, tecnologias e processos**, permitindo que você crie soluções inteligentes sem a necessidade de escrever uma única linha de código. Sua interface visual, aliada a recursos robustos de manipulação de dados e integração com APIs, o torna uma ferramenta essencial para profissionais e empresas de todos os tamanhos.

Um convite para a transformação digital

Este livro não é apenas um guia técnico. É um **convite para uma transformação na forma como você enxerga produtividade, tecnologia e inovação.** Cada capítulo foi cuidadosamente elaborado para que você possa aplicar imediatamente o que aprendeu, seja para automatizar processos simples no dia a dia ou para criar fluxos empresariais complexos que impactam diretamente nos resultados do seu negócio.

Prepare-se para desbloquear um novo nível de eficiência. A automação não é mais uma opção — é uma necessidade. Segundo **Davenport e Kirby (2016)**, a automação e as novas tecnologias digitais não apenas otimizam processos, mas também redefinem a estrutura das organizações, tornando-as mais ágeis e adaptáveis às mudanças do mercado. Da mesma forma, **Brynjolfsson e McAfee (2014)** afirmam que empresas que não adotam ferramentas automatizadas correm o risco de perder competitividade em um cenário cada vez mais digital. Nesse contexto, o *Make.com* surge como uma solução definitiva, permitindo a integração de sistemas e a automação inteligente de tarefas, seguindo a tendência apontada por **Westerman, Bonnet e McAfee (2014)**, que destacam a transformação digital como fator essencial para a sobrevivência empresarial. E o Make.com está aqui para ser sua ferramenta definitiva nessa jornada.

Vamos começar?

///make

CAPÍTULO 1: INTRODUÇÃO À ERA DA AUTOMAÇÃO

1.1 O que é automação e por que ela é essencial no mundo moderno?

Vivemos em uma era onde o tempo é um dos recursos mais valiosos, e a automação surge como uma resposta prática para otimizar processos e maximizar a produtividade. **Automação é o uso de tecnologia para realizar tarefas repetitivas, reduzir erros humanos e permitir que pessoas se concentrem em atividades mais estratégicas.**

A automação não se limita às grandes indústrias ou às linhas de produção robotizadas. Hoje, ela está presente no envio de um simples e-mail automático de boas-vindas após uma compra online, no agendamento de postagens em redes sociais e até mesmo no controle de dispositivos domésticos por assistentes virtuais.

A crescente digitalização trouxe consigo uma enxurrada de ferramentas, sistemas e dados que, quando não integrados, se tornam um labirinto de informações desconexas. A automação se torna essencial porque ela conecta essas peças, criando fluxos de trabalho harmônicos que não apenas economizam tempo, mas também aumentam a eficiência geral das operações.

Em um mundo onde empresas competem em escala global e consumidores esperam respostas imediatas, não há mais espaço para processos manuais que consomem horas preciosas. A automação não é mais um luxo — é uma **necessidade** estratégica para negócios e indivíduos que desejam se manter relevantes e competitivos.

1.2 Exemplos de automação no dia a dia

Mesmo que muitos não percebam, a automação já faz parte da rotina de milhões de pessoas. Alguns exemplos comuns incluem:

- **E-mails Automáticos:** Após se cadastrar em um site, você recebe automaticamente um e-mail de boas-vindas.
- **Agendamento de Postagens em Redes Sociais:** Ferramentas permitem planejar postagens com semanas ou meses de antecedência.
- **Notificações de Pagamentos:** Bancos enviam alertas automáticos sobre vencimentos ou pagamentos realizados.
- **Assistentes Virtuais (Alexa, Siri, Google Assistant):** Esses dispositivos realizam tarefas diárias, como ajustar alarmes ou ligar luzes.
- **Atendimento ao Cliente com Chatbots:** Empresas utilizam robôs para responder às perguntas mais comuns de seus clientes instantaneamente.

Esses exemplos mostram que a automação já é uma realidade acessível a qualquer pessoa, seja para otimizar sua rotina pessoal ou para transformar processos empresariais complexos.

1.3 Como o Make.com se encaixa no cenário das ferramentas de automação

Existem diversas ferramentas de automação no mercado, cada uma com suas características e públicos específicos. O **Make.com** se destaca por ser uma plataforma visual poderosa, flexível e acessível tanto para iniciantes quanto para usuários experientes.

O Make.com permite que você **crie fluxos de trabalho personalizados, conectando diferentes aplicativos e**

manipulando dados de maneira visual e intuitiva. Ele vai além das automações simples, oferecendo recursos avançados, como:

- **Manipulação Complexa de Dados:** Transformar, filtrar e organizar informações entre sistemas.
- **Escalabilidade:** Desde pequenos fluxos simples até sistemas robustos com múltiplas etapas e condicionais.
- **Conexões com APIs:** Integração com sistemas personalizados que não possuem conexão direta com ferramentas comuns.

Em outras palavras, o **Make.com não apenas conecta aplicativos — ele faz com que eles conversem entre si de maneira inteligente e adaptada às necessidades específicas de cada usuário ou empresa.**

1.4 Diferenças entre automação simples (Zapier) e automação avançada (Make.com)

É comum comparar o **Make.com** com outras ferramentas populares de automação, como o **Zapier**. Embora ambas tenham propósitos semelhantes, existem diferenças cruciais:

Aspecto	Zapier	Make.com
Facilidade de Uso	Interface amigável para iniciantes	Interface visual mais detalhada e robusta
Complexidade dos Fluxos	Ideal para fluxos lineares e simples	Permite fluxos complexos com ramificações e condicionais
Manipulação de Dados	Limitada	Altamente flexível, com ferramentas avançadas
Escalabilidade	Adequado para pequenas e médias automações	Ideal para automações pequenas, médias e complexas
Integração com APIs	Básica e limitada	Avançada e altamente personalizável

O **Zapier** é perfeito para automações rápidas e simples, enquanto o **Make.com** é a ferramenta certa quando você precisa lidar com cenários complexos que envolvem dados dinâmicos e condições específicas.

Em resumo, o Make.com é como uma **ferramenta de precisão**, ideal para quem deseja automações mais robustas e adaptáveis.

1.5 Make.com vs n8n: Uma Comparação Detalhada

O **n8n** é uma plataforma de automação de código aberto que ganhou destaque por oferecer flexibilidade e personalização em fluxos de trabalho automatizados. Assim como o Make.com, ele atende a uma ampla gama de usuários, desde iniciantes até especialistas em automação, mas existem diferenças importantes entre essas ferramentas que podem influenciar sua escolha.

Características do n8n

1. **Código Aberto e Auto-Hospedagem**
   O n8n é uma solução de código aberto, o que significa que você pode personalizá-lo e adaptá-lo completamente às suas necessidades. Ele também permite auto-hospedagem, garantindo controle total sobre dados e operações — um diferencial para empresas preocupadas com privacidade e custos recorrentes.

2. **Flexibilidade em Fluxos de Trabalho**
   Semelhante ao Make.com, o n8n permite a criação de fluxos complexos. No entanto, ele se destaca por permitir scripts personalizados em JavaScript dentro dos fluxos, dando aos desenvolvedores maior controle sobre a automação.

3. **Custo-Benefício**
   Como uma plataforma de código aberto, o n8n pode ser usado gratuitamente em ambientes auto-hospedados. Para empresas que desejam evitar custos elevados em ferramentas de automação, isso é uma grande vantagem.

4. **Integração de APIs Personalizadas**
   O n8n oferece uma ampla gama de integrações prontas, além de permitir a criação de conexões personalizadas por meio de APIs. Isso o coloca em um patamar semelhante ao Make.com em termos de adaptabilidade.

5. Interface de Usuário

A interface do n8n é funcional, mas menos intuitiva para iniciantes em comparação ao Make.com. Ele requer um nível básico de conhecimento técnico, especialmente ao configurar fluxos mais avançados.

Comparando Make.com e n8n

Aspecto	Make.com	n8n
Facilidade de Uso	Interface visual altamente intuitiva. Ideal para iniciantes e especialistas.	Requer mais conhecimento técnico. Focado em usuários com habilidades intermediárias a avançadas.
Personalização	Flexibilidade com módulos avançados, mas limitado a recursos da plataforma.	Totalmente personalizável, graças ao código aberto e suporte a scripts.
Custo	Modelo baseado em assinatura, escalável para diferentes tamanhos de equipe.	Gratuito para auto-hospedagem; assinatura para uso em nuvem.
Segurança e Privacidade	Dados gerenciados na plataforma Make.com.	Controle total de dados em ambientes auto-hospedados.
Integrações	Conexões com milhares de aplicativos populares e APIs.	Ampla gama de integrações com possibilidade de criação personalizada.
Escalabilidade	Excelente para cenários simples e complexos.	Ideal para fluxos altamente personalizados e específicos.

Quando Escolher o n8n?

- Você precisa de controle total sobre os dados e prefere auto-hospedagem.
- Seu orçamento é limitado e você busca uma solução sem custos recorrentes.

- Possui uma equipe técnica capacitada para lidar com personalizações e configurações mais avançadas.

Quando Escolher o Make.com?

- Você busca uma solução com interface mais amigável e fácil de usar.
- Precisa de suporte técnico confiável e não quer lidar com a complexidade de auto-hospedagem.
- Suas necessidades incluem escalabilidade em fluxos complexos sem depender de scripts personalizados.

Em resumo, tanto o Make.com quanto o n8n são ferramentas poderosas, cada uma com seus diferenciais. A escolha ideal depende do seu nível de conhecimento técnico, necessidades de personalização e orçamento.

1.6 Conclusão do Capítulo

A automação não é mais um recurso exclusivo de grandes empresas ou especialistas em tecnologia. Ferramentas como o **Make.com** tornaram possível que qualquer pessoa, com um pouco de curiosidade e determinação, possa automatizar tarefas complexas e alcançar resultados extraordinários.

Neste livro, você aprenderá não apenas a criar automações simples, mas também a dominar fluxos complexos, aproveitando ao máximo todo o potencial do Make.com. Prepare-se para mergulhar no mundo da automação inteligente e transformar sua maneira de trabalhar e viver.

No próximo capítulo: Vamos explorar o **Make.com** mais a fundo, entendendo sua interface, estrutura e como ele pode ser o seu aliado definitivo na automação.

Prepare-se para desbloquear o futuro da eficiência!

CAPÍTULO 2: CONHECENDO O MAKE.COM – O QUE É E COMO FUNCIONA?

2.1 Uma breve história do Make.com (antigo Integromat)

O **Make.com**, anteriormente conhecido como **Integromat**, nasceu com o propósito de ser mais do que apenas uma ferramenta de automação. Fundado em **2016**, o Integromat rapidamente conquistou espaço no mercado graças à sua interface visual intuitiva e capacidade de criar cenários de automação robustos e flexíveis.

Em **2022**, a ferramenta passou por uma reformulação completa, mudando seu nome para **Make.com**. Essa transição não foi apenas estética; ela trouxe uma plataforma ainda mais moderna, recursos aprimorados e uma visão clara de se tornar a solução definitiva para automações inteligentes e escaláveis.

O Make.com se posiciona como uma **ferramenta de automação visual avançada, capaz de atender desde pequenas empresas até grandes corporações, com cenários que variam de simples integrações a complexos ecossistemas digitais.**

2.2 O que é uma plataforma de automação visual?

Uma **plataforma de automação visual** permite que você crie e gerencie fluxos de trabalho automatizados usando uma interface gráfica intuitiva, em vez de linhas de código complexas.

Imagine um painel onde você pode **arrastar e soltar blocos representando ações, aplicativos e etapas de um processo**. Esses blocos são conectados por linhas, formando um fluxo lógico que indica como os dados se movem entre as etapas.

No Make.com, esses blocos são chamados de **Módulos**. Cada módulo representa uma ação específica, como enviar um e-mail, atualizar uma planilha ou criar uma tarefa em um aplicativo de gestão de projetos.

Principais características de uma plataforma de automação visual:

- **Interface gráfica intuitiva:** Fluxos de trabalho são criados visualmente.
- **Sem necessidade de programação:** Usuários não precisam ser desenvolvedores.
- **Visualização clara dos processos:** É fácil entender como os dados se movem entre as etapas.
- **Execução automática de tarefas repetitivas:** Garante mais eficiência e menos erros.

O Make.com se destaca por oferecer uma interface visual que não apenas simplifica a criação de automações, mas também facilita a identificação de problemas e gargalos nos fluxos de trabalho.

2.3 Por que escolher o Make.com para seus projetos?

Existem muitas ferramentas de automação disponíveis, mas o **Make.com se diferencia em pontos críticos que o tornam uma escolha estratégica:**

1. **Flexibilidade incomparável:** O Make.com pode lidar com cenários simples e extremamente complexos, incluindo múltiplas condições, ramificações lógicas e loops.
2. **Manipulação avançada de dados:** Permite transformar, filtrar, formatar e enriquecer dados entre

sistemas.

3. **Ampla integração com APIs:** Além dos aplicativos pré-integrados, é possível conectar APIs personalizadas com facilidade.
4. **Custo-benefício:** Oferece mais recursos avançados em comparação com concorrentes na mesma faixa de preço.
5. **Escalabilidade:** Pode ser usado tanto por freelancers quanto por corporações globais.
6. **Monitoramento detalhado:** Logs e históricos completos permitem uma visão clara das execuções e identificação de falhas.

Se você busca uma ferramenta que **vá além de automações básicas** e que possa se adaptar às necessidades do seu negócio ou projeto, o **Make.com** é, sem dúvida, uma das melhores opções disponíveis.

2.4 Visão geral da interface: Cenários, Módulos, Fluxos de Trabalho

Ao acessar o Make.com pela primeira vez, você se deparará com uma interface clara e organizada. Vamos explorar os principais componentes:

1. Cenários

- Um **cenário** é o coração de qualquer automação no Make.com.
- Ele representa um fluxo de trabalho completo, onde várias etapas (módulos) são conectadas para alcançar um objetivo específico.
- Exemplo: Receber dados de um formulário → Armazenar em uma planilha → Enviar um e-mail de confirmação.

2. Módulos

- **Módulos** são as unidades de ação dentro de um cenário.
- Cada módulo representa uma tarefa específica, como "Obter dados do Google Sheets" ou "Enviar mensagem no Slack".

- Módulos podem ser configurados individualmente para atender às necessidades do fluxo.

3. Fluxos de Trabalho

- Um **fluxo de trabalho** é a sequência lógica que conecta os módulos dentro de um cenário.
- As conexões entre os módulos definem como os dados fluem e quais ações acontecem primeiro.
- É possível adicionar condições, filtros e loops para personalizar o fluxo.

4. Painel de Execução

- Permite monitorar cenários em tempo real.
- Exibe logs de execuções anteriores, facilitando a detecção de erros.
- Permite ajustes rápidos sem a necessidade de recriar cenários do zero.

5. Agendamento

- Cenários podem ser configurados para serem executados automaticamente em intervalos definidos (diariamente, semanalmente, ou até mesmo em tempo real).

2.5 A Plataforma do Make.com - Tela a tela

Tela Inicial do Make.com: Primeiros Passos na Automação

A tela inicial do **Make.com** apresenta um design moderno e chamativo, focado em convidar os visitantes a explorar as possibilidades da plataforma. Os elementos centrais da interface incluem:

1. **Mensagem Principal**:
   Um destaque em letras grandes com o slogan **"Traga id #withMake"**, que busca enfatizar a personalização e flexibilidade oferecidas pela plataforma. A frase central é acompanhada pela descrição:
   "De tarefas e fluxos de trabalho a aplicativos e sistemas, crie e automatize qualquer coisa em uma plataforma visual poderosa."

2. **Botão de Ação (CTA)**:
   O botão **"Comece gratuitamente"**, localizado em um tom vibrante de rosa, é projetado para atrair atenção imediata e incentivar os usuários a experimentar o serviço. Abaixo, são reforçados benefícios importantes:
   o   Não é necessário cartão de crédito.
   o   Sem limite de tempo no plano gratuito.

3. **Menu de Navegação Superior:**
   O topo da tela inclui um menu com as seguintes opções:
   - **"O que é Make"**: Explicação sobre a plataforma.
   - **"Soluções"**: Mostra aplicações práticas para diferentes setores.
   - **"Recursos"**: Links para ferramentas e suporte.
   - **"Parceiros"**: Informações sobre parcerias.
   - **"Precificação"**: Detalhes sobre os planos disponíveis.
4. **Suporte e Login:**
   - Opção para **falar com a equipe de vendas**, destinada a clientes ou interessados em soluções empresariais.
   - Botões para **"Iniciar sessão"** e novamente reforço ao CTA de iniciar gratuitamente.
5. **Paleta de Cores e Estilo Visual:**
   - O fundo em um tom roxo escuro cria contraste com os textos brancos e botões rosa, transmitindo um ar profissional e tecnológico.
   - O uso de hashtags reforça a identidade moderna e conectada ao público jovem e digital.

Essa tela inicial oferece uma experiência amigável e intuitiva, ideal para capturar o interesse de usuários novos e experientes, destacando os diferenciais do Make.com com clareza e simplicidade.

Tela de Login do Make.com: Acesso Simples e Diversificado

A tela de login do **Make.com** reflete o foco da plataforma em acessibilidade e facilidade de uso. Os principais elementos incluem:

1. Formulário de Login Tradicional

- **Campos de Email e Senha**: Permite que os usuários façam login inserindo suas credenciais de maneira simples.
- **Opção para Exibir/Esconder Senha**: Um ícone ao lado do campo de senha oferece a funcionalidade para visualizar ou ocultar o texto digitado, aumentando a praticidade e segurança.

2. Alternativas de Login

Para facilitar o acesso, o Make.com oferece várias opções de login integrado:

- **Login com Google**
- **Entrar com Facebook**
- **Entrar com GitHub**
- **Login SSO (Single Sign-On)**

Essas opções atendem tanto a usuários individuais quanto a empresas que utilizam sistemas corporativos de autenticação.

3. Opções de Recuperação de Conta

- **Senha Perdida**: Um link direto para redefinir a senha caso o usuário a tenha esquecido.
- **Reenvio de Email de Verificação**: Solução rápida para usuários que não completaram a verificação inicial de registro.

4. Chamada para Ação Visualmente Atraente

À direita, a seção principal reforça a proposta de valor da plataforma com o texto:

"Fluxos de trabalho de design #withMake"
"De tarefas e fluxos de trabalho a aplicativos e sistemas, crie e automatize qualquer coisa em uma plataforma visual poderosa."

Além disso, destaca a confiança de mais de **500.000 usuários** e reforça a disponibilidade de um plano gratuito para sempre.

5. Estilo Visual

- **Paleta de Cores**: Fundo roxo escuro combinado com elementos em rosa, azul e branco, mantendo a identidade visual moderna e tecnológica.
- **Design Responsivo**: Layout simples e organizado, facilitando o uso em diferentes dispositivos.

Essa página de login combina simplicidade e funcionalidade, garantindo que o acesso seja eficiente para uma ampla variedade de usuários, desde indivíduos até grandes equipes corporativas.

Tela de Gerenciamento de Organização no Make.com

A tela de gerenciamento da organização no **Make.com** é projetada para fornecer uma visão clara e detalhada sobre o uso e as configurações da plataforma. Ela inclui as seguintes seções e funcionalidades:

1. Menu Lateral

- O menu lateral, com fundo roxo, contém links para diversas áreas da plataforma:
    - **Organização**: Informações gerais sobre o uso e configurações da conta.
    - **Equipe**: Gerenciamento de usuários e permissões.
    - **Cenários**: Acesso aos fluxos de trabalho criados.
    - **Modelos**: Automações predefinidas para uso rápido.
    - **Conexões**: Gerenciamento de integrações com outras plataformas.
    - **Webhooks**: Configurações avançadas para capturar eventos externos.
    - **Mais**: Opções adicionais, incluindo notificações e central de recursos.

2. Painel Principal

- **Plano Atual**: Mostra detalhes sobre o plano em uso (neste caso, gratuito), incluindo:
  - o Número de operações disponíveis por mês.
  - o Operações já utilizadas e remanescentes.
  - o Intervalo de cobrança.
- **Gráfico de Uso**: Representa o consumo de operações e transferência de dados ao longo do tempo.
- **Cenários Ativos**: Indica quantos cenários estão atualmente em execução.

3. Ferramentas de Exploração

Abaixo do painel principal, há uma seção para explorar recursos adicionais:

- **Community**: Espaço para conectar-se com outros usuários do Make.com.
- **Academy**: Cursos e tutoriais para aprimorar habilidades em automação.
- **Help Center**: Documentação detalhada e suporte técnico.

4. Configurações e Ações Rápidas

- Botão **"Configurações da Organização"** no canto superior direito, para gerenciar detalhes avançados.
- Botão **"+ Crie um novo cenário"**, para iniciar rapidamente a criação de um novo fluxo de trabalho.

5. Estilo Visual

- O design mantém a identidade visual do Make.com, com um esquema de cores em roxo, branco e preto, transmitindo modernidade e clareza.
- Gráficos simples e texto bem organizado tornam o painel intuitivo, mesmo para usuários com pouca experiência.

Essa tela é fundamental para usuários que precisam monitorar a eficiência de suas automações e gerenciar configurações organizacionais com facilidade. A interface combina funcionalidades avançadas com um design acessível, adequado tanto para iniciantes quanto para usuários experientes.

Tela de Gerenciamento de Equipe no Make.com

A tela de gerenciamento de equipe oferece uma visão completa para os administradores monitorarem as operações da equipe, gerenciarem usuários e ajustarem configurações relacionadas. Os principais elementos incluem:

1. Configurações e Ações Rápidas

- **Configurações da Equipe**: Botão no canto superior direito para acessar configurações detalhadas.
- **Criar um Novo Cenário**: Atalho para iniciar um novo fluxo de trabalho.

2. Estilo Visual

- O design mantém a identidade visual roxa e branca do Make.com.
- Informações dispostas de forma clara e organizada para facilitar a navegação.

Essa tela é essencial para equipes colaborativas, permitindo que os administradores gerenciem fluxos de trabalho, monitorizem o desempenho e explorem recursos adicionais para otimizar o uso da plataforma.

Tela de Gerenciamento de Cenários no Make.com

A área de gerenciamento de cenários do Make.com permite que os usuários organizem e monitorem todos os fluxos de automação criados. Os elementos principais incluem:

1. Menu Lateral

O menu à esquerda oferece acesso rápido às principais funcionalidades, incluindo:

- **Todos os Cenários**: Exibe uma visão geral de todos os cenários criados.
- **Uncategorized (Sem Categoria)**: Lista cenários que ainda não foram organizados em pastas específicas.

2. Barra de Pesquisa e Organização

- **Campo de Pesquisa**: Localizado no topo esquerdo, permite que o usuário procure cenários específicos pelo nome.
- **Opção de Ordenação**: No topo da lista de cenários, é possível organizar os fluxos por diferentes critérios, como ordem alfabética ou data de criação.

3. Lista de Cenários

Cada cenário é exibido com as seguintes informações:

- **Nome do Cenário**: O título que identifica o fluxo de

trabalho.

- **Detalhes**: Mostra o número de operações, tamanho do cenário (em KB), criador (neste caso, Jair Lima) e a data de criação ou última modificação.
- **Estado do Cenário**: Uma chave liga/desliga (toggle) permite ativar ou desativar rapidamente o cenário.

4. Botões de Ação Rápida

- **"Crie um novo cenário"**: Botão no canto superior direito para iniciar rapidamente um novo fluxo de automação.

5. Design e Navegabilidade

- O design segue o padrão do Make.com, com um layout limpo, esquema de cores roxo e branco, e ícones visuais que facilitam a identificação dos elementos.

Essa tela é essencial para usuários que gerenciam múltiplos fluxos de trabalho, permitindo uma visualização centralizada e o controle eficiente de suas automações. A organização em pastas e as opções de pesquisa tornam a interface prática, mesmo em cenários com grande quantidade de fluxos.

Tela de Modelos Predefinidos no Make.com

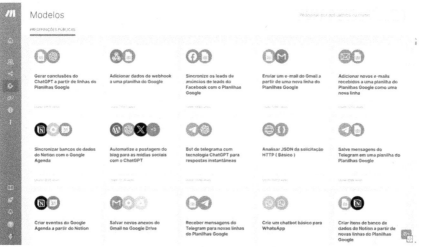

A seção de modelos no **Make.com** oferece uma coleção de

automações prontas para serem implementadas, simplificando o processo de criação de cenários e reduzindo o tempo de configuração. Os elementos principais incluem:

1. Título e Organização

- A página é intitulada **"Modelos"**, e os modelos disponíveis são classificados sob a aba **"Predefinições Públicas"**, indicando que estão acessíveis para todos os usuários.

2. Busca de Modelos

- Na parte superior direita, há um campo de pesquisa que permite buscar modelos por aplicativos ou palavras-chave, tornando mais fácil localizar o que é relevante para o usuário.

3. Galeria de Modelos

Cada modelo é exibido como um cartão, contendo:

- **Título**: Descreve o propósito do modelo, como *"Gerar conclusões do ChatGPT a partir de linhas do Planilhas Google"*.
- **Ícones de Integrações**: Exibe os aplicativos conectados no modelo, como Google Planilhas, Gmail, Facebook, ChatGPT, Notion, entre outros.
- **Uso**: Indica quantas vezes o modelo foi utilizado por outros usuários, demonstrando sua popularidade e confiabilidade.

4. Diversidade de Casos de Uso

Os modelos cobrem uma ampla gama de aplicações, como:

- Integração de dados entre Google Planilhas, Gmail e outros sistemas.
- Criação de bots no Telegram ou WhatsApp para interações automatizadas.
- Sincronização de bancos de dados do Notion com o Google Agenda.
- Automação de postagens em mídias sociais com o suporte de inteligência artificial (ChatGPT).
- Análise de solicitações HTTP e JSON para aplicações avançadas.

5. Design e Navegabilidade

- O layout é limpo e organizado, com os modelos dispostos em uma grade para fácil visualização.
- Cada cartão utiliza ícones e cores que facilitam a identificação rápida das integrações envolvidas.

Finalidade

Essa tela é uma ferramenta poderosa para iniciantes e usuários avançados, permitindo que eles implementem soluções rapidamente sem precisar construir cenários do zero. Com uma interface intuitiva e uma ampla gama de modelos, o Make.com simplifica a automação, tornando-a acessível a todos.

Tela de Conexões no Make.com

A seção de conexões do Make.com permite que os usuários visualizem, editem e gerenciem as integrações criadas com outras plataformas ou APIs externas. Os principais elementos desta interface incluem:

1. Menu Lateral

- A barra lateral à esquerda exibe as opções de navegação da plataforma, com o botão **Conexões** destacado para indicar a seção atual.

2. Lista de Conexões

- Cada conexão é exibida como um item na lista com os

seguintes detalhes:

- o **Ícone e Nome:** Um ícone representando o serviço integrado (neste caso, Groq) e o nome da conexão personalizada.
- o **Status:** Indicado por um símbolo de visualização e botões de ação.

3. Botões de Ação

Para cada conexão, há opções diretas para gerenciar a integração:

- **Editar:** Permite modificar as configurações da conexão.
- **Verificar:** Valida se a conexão está funcionando corretamente.
- **Excluir:** Remove a conexão da lista.

4. Barra de Pesquisa

- Localizada no canto superior direito, a barra de pesquisa permite filtrar conexões rapidamente pelo nome ou serviço.

5. Design e Navegabilidade

- O layout é simples e limpo, com um fundo branco que facilita a leitura.
- O uso de botões coloridos (como o botão verde de verificar) destaca as ações principais disponíveis.

Finalidade

Essa tela é fundamental para usuários que trabalham com integrações complexas e precisam monitorar ou atualizar conexões com frequência. A disposição clara das informações e os botões de ação acessíveis tornam a gestão das conexões prática e eficiente.

Tela de Webhooks no Make.com

A seção de webhooks do Make.com é projetada para permitir que os usuários enviem dados de aplicativos ou serviços externos para iniciar cenários de automação na plataforma. Os elementos principais dessa tela incluem:

1. Estado Inicial

- A mensagem **"Você ainda não criou nenhum webhook"** aparece quando nenhum webhook foi configurado, orientando o usuário sobre como começar.

2. Explicação do Recurso

- O texto descritivo na tela informa:

  "Webhooks allow you to send data to Make over HTTP by creating a URL that you call from an external app or service, or from another Make scenario. Use webhooks module inside the Scenario Builder to create a webhook that triggers the execution of scenarios."

  Isso explica o funcionamento básico do webhook, destacando sua capacidade de iniciar cenários a partir de solicitações HTTP.

3. Botão de Ação

- **"Open Scenario Builder"**: Um botão roxo centralizado que leva o usuário diretamente ao construtor de cenários para configurar um novo webhook.

4. Link de Aprendizado

- Um link na parte inferior convida o usuário a aprender mais sobre webhooks, direcionando para a documentação detalhada do recurso.

5. Menu Lateral

- A barra lateral mantém a consistência do layout do Make.com, com a seção **Webhooks** destacada para indicar a área atual.

6. Barra de Pesquisa

- Localizada no canto superior direito, a barra de pesquisa permite procurar webhooks existentes (quando configurados) para facilitar a gestão.

Finalidade

Essa tela serve como ponto de partida para configurar webhooks no Make.com. É uma funcionalidade essencial para usuários que precisam integrar dados de fontes externas, como APIs, notificações de aplicativos ou outros sistemas, permitindo a execução automatizada de cenários com base em eventos disparados externamente.

O design limpo e orientado por ações torna a criação de webhooks acessível até mesmo para usuários menos experientes.

Tela de Gerenciamento de Chaves no Make.com

A seção **Chaves** no Make.com é destinada ao gerenciamento centralizado de chaves públicas e privadas, essenciais para autenticação e segurança em integrações avançadas. Os elementos principais desta interface incluem:

1. Estado Inicial

- Quando nenhuma chave foi criada, a mensagem **"Você ainda não criou nenhuma chave"** é exibida, orientando o usuário sobre como iniciar.

2. Explicação do Recurso

- Um texto centralizado apresenta a funcionalidade desta seção:
  "The keychain in Make will help you administer public and private keys. If a module requires a public or private key, you can add it to the keychain in the module setting." Esse texto explica que a funcionalidade permite armazenar e administrar as chaves necessárias para módulos que exigem autenticação.

3. Botão de Ação

- **"Open Scenario Builder"**: Um botão roxo que redireciona o usuário para o construtor de cenários, onde as chaves podem ser usadas ou configuradas.

4. Link de Aprendizado

- Um link no rodapé fornece acesso a mais informações sobre como usar a funcionalidade de **Chaves**, direcionando para a documentação do Make.com.

5. Barra de Pesquisa

- No canto superior direito, a barra de pesquisa permite buscar chaves específicas quando mais de uma estiver cadastrada.

6. Menu Lateral

- A barra lateral mantém a consistência do design geral da plataforma, com a seção **Chaves** destacada.

Finalidade

Essa tela é essencial para usuários que trabalham com APIs ou módulos que exigem autenticação segura. A possibilidade de gerenciar chaves públicas e privadas em um único local simplifica o processo de configuração e garante uma abordagem mais organizada e segura para integrações.

O layout simples, com explicações claras e botões de ação bem visíveis, torna essa funcionalidade acessível, mesmo para usuários menos experientes em autenticação baseada em chaves.

Tela de Gerenciamento de Dispositivos no Make.com

A seção **Dispositivos** no Make.com é projetada para integrar dispositivos móveis, oferecendo acesso remoto à plataforma por meio de aplicativos para iOS e Android. Os principais elementos dessa interface incluem:

1. Estado Inicial

- A mensagem **"Você ainda não adicionou nenhum dispositivo"** é exibida quando nenhum dispositivo foi conectado à conta.

2. Explicação do Recurso

- Um texto centralizado informa sobre a funcionalidade: *"Access Make from anywhere with our mobile apps. To get started, add your iOS or Android device to your Make account. Click 'Add Device' in the top-right corner."* Isso explica como adicionar dispositivos móveis para acessar a conta via aplicativos.

3. Botão de Ação

- **"Open Scenario Builder"**: Um botão roxo centralizado que direciona o usuário para configurar cenários que podem ser acessados por dispositivos móveis.

4. Adicionar Dispositivo

- Um botão no canto superior direito, **"+ Adicionar dispositivo"**, permite iniciar o processo de vinculação de dispositivos móveis à conta.

5. Link de Aprendizado

- Um link na parte inferior direciona os usuários para a documentação oficial sobre como adicionar e gerenciar dispositivos móveis no Make.com.

6. Menu Lateral

- A barra lateral mantém o design consistente da plataforma, com a seção **Dispositivos** destacada para indicar a área ativa.

Finalidade

Essa tela é essencial para usuários que desejam monitorar e gerenciar cenários em movimento, garantindo flexibilidade e acessibilidade. A integração com dispositivos móveis amplia as possibilidades de uso, permitindo que as automações sejam controladas remotamente.

O layout limpo e as explicações diretas tornam o processo de configuração de dispositivos intuitivo, mesmo para iniciantes na plataforma.

Tela de Armazenamentos de Dados no Make.com

A seção de **Armazenamentos de Dados** oferece uma interface para criar e gerenciar bancos de dados internos, conhecidos como **Data Stores**, que são usados para armazenar e acessar informações em múltiplos cenários. Os elementos principais desta tela incluem:

1. Estado Inicial

- Quando nenhum armazenamento de dados foi criado, aparece a mensagem:
  "Você ainda não adicionou nenhum armazenamento de dados", indicando que o usuário deve configurar seu primeiro **Data Store**.

2. Explicação do Recurso

- Um texto centralizado apresenta a funcionalidade:
  "Data stores are built-in databases inside Make that store and read information within a scenario, but also between multiple scenarios. Click 'Add Data Store' in the top-right corner to create a data store."
  Esse texto explica que os **Data Stores** permitem armazenar e acessar informações em cenários individuais ou compartilhados.

3. Botão de Ação

- **"Open Scenario Builder"**: Um botão roxo que redireciona para o construtor de cenários, permitindo o uso ou configuração de um armazenamento de dados.

4. Adicionar Armazenamento de Dados

- Um botão no canto superior direito, **"+ Adicionar armazenamento de dados"**, permite iniciar o processo de criação de um novo banco de dados.

5. Link de Aprendizado

- Um link na parte inferior, *"Learn more about using Data Stores"*, leva o usuário à documentação detalhada sobre como usar essa funcionalidade.

6. Barra de Pesquisa

- Localizada no canto superior direito, a barra de pesquisa ajuda a encontrar armazenamentos de dados previamente criados, facilitando a navegação em contas com múltiplos itens.

7. Menu Lateral

- A barra lateral mantém a consistência do layout do Make.com, destacando a seção **Armazenamentos de Dados**.

Finalidade

Essa tela é essencial para usuários que precisam de uma maneira eficiente de armazenar e compartilhar informações entre cenários. Os **Data Stores** tornam possível a criação de automações mais complexas e dinâmicas, permitindo que dados sejam recuperados e utilizados de forma centralizada.

O design limpo, combinado com explicações claras e botões de ação acessíveis, torna essa funcionalidade fácil de usar, mesmo para iniciantes.

Tela de Estruturas de Dados no Make.com

A seção **Estruturas de Dados** permite criar documentos que descrevem os formatos de dados usados em automações, especialmente para serialização e análise de informações. Os elementos principais desta interface incluem:

1. Estado Inicial

- Quando nenhuma estrutura de dados foi criada, aparece a mensagem:

    "Você ainda não criou nenhuma estrutura de dados", indicando que o usuário pode começar a configurar novas estruturas.

2. Explicação do Recurso

- Um texto centralizado apresenta a funcionalidade:

    "A data structure is a document that describes the format of the data being transferred to Make, most commonly used for serializing/parsing data formats such as JSON, XML, and CSV. Data Structures can be created in the settings of the module."

    Essa explicação destaca que as estruturas de dados são essenciais para lidar com formatos como JSON, XML e CSV.

3. Botão de Ação

- **"Open Scenario Builder"**: Um botão roxo que redireciona o usuário para o construtor de cenários, onde as estruturas de dados podem ser aplicadas.

4. Link de Aprendizado

- Um link na parte inferior direciona o usuário para a documentação oficial do Make.com sobre como usar **Estruturas de Dados**, facilitando o aprendizado para iniciantes.

5. Barra de Pesquisa

- Localizada no canto superior direito, a barra de pesquisa ajuda a localizar estruturas de dados já criadas em contas com múltiplos itens.

6. Menu Lateral

- A barra lateral mantém a consistência do layout do Make.com, destacando a seção **Estruturas de Dados** para indicar a área ativa.

Finalidade

Essa tela é crucial para usuários que trabalham com integrações que exigem formatos de dados específicos. A possibilidade de definir estruturas de dados permite maior controle sobre a manipulação e transferência de informações entre diferentes módulos e cenários.

O design intuitivo, com explicações claras e acesso direto ao construtor de cenários, torna essa funcionalidade acessível mesmo para usuários que não têm experiência prévia com formatação e análise de dados.

Tela de Aplicativos Personalizados no Make.com

A seção **Aplicativos Personalizados** oferece aos usuários a capacidade de desenvolver aplicativos sob medida para conectar serviços não diretamente suportados pelo Make.com. Os elementos principais desta interface incluem:

1. Estado Inicial

- Quando nenhum aplicativo personalizado foi criado, aparece a mensagem:
  "Você ainda não criou nenhum aplicativo", indicando que o usuário pode começar a configurar um novo aplicativo.

2. Explicação do Recurso

- Um texto centralizado apresenta a funcionalidade:
  "Use APIs to build custom apps to connect any service. Create custom apps that allow you to connect the services you need with Make, even when not offered by Make directly. The only requirement is that the service has an API. Click on 'Create a New App' in the top-right corner to get started."
  Essa explicação destaca que é possível usar APIs para criar conexões com serviços externos, mesmo que o Make.com não os suporte nativamente.

3. Botão de Ação

- **"Open Scenario Builder"**: Um botão roxo que direciona para o construtor de cenários, onde os aplicativos personalizados podem ser utilizados.

4. Criar Novo Aplicativo

- Um botão no canto superior direito, **"+ Criar um novo aplicativo"**, permite iniciar o processo de desenvolvimento de um aplicativo personalizado.

5. Link de Aprendizado

- Um link na parte inferior direciona os usuários para a documentação oficial sobre como criar e gerenciar **Aplicativos Personalizados**.

6. Barra de Pesquisa

- Localizada no canto superior direito, a barra de pesquisa ajuda a localizar aplicativos personalizados já criados.

7. Menu Lateral

- A barra lateral segue o design consistente da plataforma, destacando a seção **Aplicativos Personalizados** para indicar a área ativa.

Finalidade

Essa tela é essencial para desenvolvedores e usuários avançados que precisam integrar serviços ou plataformas não suportados diretamente pelo Make.com. A funcionalidade permite criar conexões com APIs externas, ampliando significativamente o alcance das automações possíveis.

O layout limpo, combinado com explicações claras e acesso direto às ferramentas de criação, torna a experiência intuitiva e eficiente, mesmo para usuários que não possuem experiência avançada com APIs.

Tela da Central de Recursos no Make.com

A **Central de Recursos** fornece acesso a guias, exemplos e materiais educacionais para ajudar os usuários a explorar as capacidades do Make.com. Os elementos principais incluem:

1. Introdução

- Um cabeçalho no topo informa: *"Tudo para você começar"*, destacando que esta seção é voltada para ajudar novos usuários e aprofundar o conhecimento daqueles mais experientes.

2. Casos de Uso Recomendados

- Os casos de uso estão organizados em cartões, cada um contendo:
    - **Título**: Uma breve descrição do objetivo, como *"Social Media Management"* ou *"Project Management"*.
    - **Subtítulo**: Um resumo explicando o benefício principal de cada caso, como *"Reach further and engage more across platforms"* ou *"From project planning to final reporting, accelerate your work."*
    - **Categoria**: Uma etiqueta como **Marketing** ou **Workplace Productivity**, indicando o setor ou objetivo principal.
- Exemplos de casos de uso incluem:

- o Gerenciamento de mídias sociais.
- o Processamento de leads.
- o Criação de conteúdo.
- o Pesquisa de mercado.
- o Relatórios e análises.
- o Gerenciamento de projetos.

3. Seção de Introdução à Automação com IA

- Um bloco inferior intitulado *"Getting started with AI & Automation"* apresenta uma introdução para configurar e utilizar IA em fluxos de trabalho, ajudando os usuários a incorporar inteligência artificial às suas automações.

4. Botão de Ação

- **"+ Criar um novo cenário"**: Um botão no canto superior direito que permite iniciar diretamente um novo fluxo de automação com base nos casos de uso apresentados.

5. Menu Lateral

- A barra lateral à esquerda mantém a navegação padrão do Make.com, destacando a **Central de Recursos**.

Finalidade

A **Central de Recursos** é uma ferramenta essencial para inspirar usuários e fornecer orientações práticas sobre como começar ou aprimorar suas automações. Com uma interface organizada e exemplos claros, ela atende tanto iniciantes quanto usuários avançados, oferecendo ideias e orientações baseadas em diferentes setores e objetivos.

O design intuitivo e os casos de uso detalhados facilitam a aplicação direta de automações em cenários do mundo real, economizando tempo e maximizando a eficiência.

Tela de Atualizações - Quais as Novas no Make.com

A seção **Quais as Novas** fornece informações atualizadas sobre os recursos mais recentes, novos aplicativos e melhorias na plataforma. É um espaço dedicado para manter os usuários informados sobre as novidades no Make.com.

1. Introdução

- Um cabeçalho apresenta a descrição *"Atualizações mensais sobre nossos lançamentos mais recentes!"*, indicando que a página é atualizada regularmente para exibir as novidades do mês.

2. Destaques

- Um bloco principal intitulado **"What's new on Make"** exibe a data da atualização mais recente (neste caso, 10 de dezembro de 2024) e um texto introdutório: *"Take a moment to unwind as we unveil the array of fresh apps, modules, and features introduced on Make throughout the past month."*

  Esse destaque resume a finalidade da página, enfatizando os novos recursos e atualizações do mês.

3. Novos Apps e Módulos

- A seção **"App/module releases and updates"**

apresenta uma visão geral das novidades, organizada em cartões, incluindo:

- o **Nome do Aplicativo/Módulo**: Exibe o nome do app ou módulo.
- o **Categoria**: Informações como "New app" (novo aplicativo), "New app update" (atualização de app) ou "New verified app" (aplicativo verificado).
- o **Exemplos Listados**:
  - xAI (Novo aplicativo).
  - Snapchat Conversions (Novo aplicativo).
  - OpenAI (Atualização de app).
  - PDF Snake (Novo aplicativo verificado).
  - Bolna (Novo aplicativo verificado).

4. Botão de Ação

- Um botão no canto superior direito, **"+ Criar um novo cenário"**, permite que os usuários explorem as novidades aplicando-as diretamente na criação de cenários.

5. Menu Lateral

- A barra lateral mantém o design consistente do Make.com, com destaque para a seção **Quais as Novas**.

Finalidade

A página **Quais as Novas** é uma ferramenta prática para manter os usuários atualizados sobre melhorias e lançamentos na plataforma. Com informações claras sobre novos aplicativos e atualizações, ela ajuda os usuários a explorar as funcionalidades mais recentes e integrá-las em suas automações.

O layout organizado e intuitivo permite uma navegação fácil, enquanto os cartões detalhados facilitam a identificação das atualizações mais relevantes para cada usuário.

Tela de Notificações no Make.com

A seção **Notificações** é projetada para exibir alertas ou mensagens importantes relacionadas ao funcionamento da conta ou dos cenários. No momento, a tela está vazia, indicando que não há notificações pendentes.

1. Título e Contexto
- O título **"Notificações"** está localizado no topo da tela, indicando que esta seção é dedicada a mensagens específicas da plataforma.
- A subdivisão **"Zona US2"** especifica a região ou o servidor associado à conta.

2. Mensagem de Ausência de Notificações
- Uma mensagem simples informa: *"Não há notificações nesta zona"*, indicando que não há mensagens ou alertas ativos para essa região.

3. Menu Lateral
- A barra lateral mantém o layout padrão do Make.com, com a seção **Notificações** destacada para indicar a área ativa.

Finalidade
A tela de **Notificações** é útil para monitorar mensagens

importantes, como avisos sobre limites de uso, atualizações de cenários ou problemas em integrações. Embora a seção esteja vazia no momento, ela serve como um hub central para alertas que ajudam os usuários a manter suas automações funcionando sem problemas.

O design limpo e a ausência de notificações pendentes deixam claro que não há ações imediatas a serem tomadas, oferecendo tranquilidade ao usuário.

Tela da Central de Ajuda no Make.com

A **Central de Ajuda** é uma página voltada para fornecer suporte detalhado e orientações práticas sobre o uso do Make.com. É organizada em categorias para facilitar a navegação e o acesso à informação.

1. **Introdução**
   - O título **"Faça a Central de Ajuda"** apresenta a finalidade da página, com o subtítulo *"Tudo para você começar"* indicando que o conteúdo é adequado tanto para iniciantes quanto para usuários experientes.

2. **Categorias Principais**
   - A página está dividida em várias seções destacadas, cada uma focada em um aspecto do uso do Make.com:
     o **Primeiros Passos**: Fornece orientações básicas,

como:

- Criando um cenário.
- Agendando um cenário.
- Modelos de cenário.
- Mapeamento.
- Glossário.

o **Destaques do Produto**: Apresenta recursos avançados, como:

- Automatizar com o aplicativo Make.
- Transformar dados com funções.
- Conectar-se a APIs públicas com o aplicativo HTTP.
- Habilitar operações extras de compra automática.
- Definir a ordem de suas rotas.

o **Atualizações**: Disponibiliza *Notas de Versão* sobre mudanças recentes.

o **Plano Empresarial**: Detalha recursos exclusivos para contas empresariais, como:

- Agente local.
- Conexões dinâmicas.
- Funções personalizadas.
- Propriedades de cenário personalizadas.

3. Menu Lateral

- À esquerda, um menu expansível organiza os tópicos por temas, como:

o IA em Make.

o Gerenciamento de acesso.

o Conexões.

o Cenários.

o Tutoriais.

o Ferramentas.

o Erros e soluções.

o Dispositivos e aplicativos.

o Glossário.

4. Navegação Superior

- Links adicionais no topo da página direcionam para:
  - Comunidade.
  - Suporte.
  - Academia (provavelmente com tutoriais e treinamentos).
  - Blogue.
  - Documentação da API.
  - Página principal do Make.com.

Finalidade

A **Central de Ajuda** é um recurso fundamental para qualquer usuário do Make.com, servindo como um guia abrangente para explorar as funcionalidades da plataforma. Seja para aprender conceitos básicos ou dominar recursos avançados, a página é estruturada para atender diferentes níveis de conhecimento.

Com uma interface intuitiva e categorias bem definidas, a Central de Ajuda facilita a localização de informações específicas, garantindo que os usuários possam resolver dúvidas e implementar soluções de maneira eficiente.

Tela do Make Academy

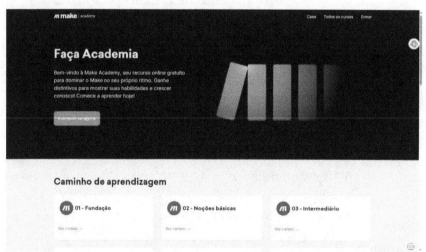

A **Make Academy** é uma plataforma educacional gratuita

que fornece cursos online para ajudar os usuários a dominar o Make.com de maneira autônoma e progressiva. A interface destaca recursos essenciais para orientar os usuários em sua jornada de aprendizado.

1. Introdução

- O título *"Faça Academia"* é seguido por uma breve descrição do propósito da plataforma: *"Bem-vindo à Make Academy, seu recurso online gratuito para dominar o Make no seu próprio ritmo. Ganhe distintivos para mostrar suas habilidades e crescer conosco! Comece a aprender hoje!"*
- Um botão destacado em rosa, **"Inscreva-se agora"**, convida os usuários a iniciarem seu aprendizado imediatamente.

2. Caminho de Aprendizagem

- A seção **Caminho de aprendizagem** organiza os cursos em três níveis principais:
  - **01 - Fundação**: Cursos introdutórios para iniciantes.
  - **02 - Noções básicas**: Conteúdo para desenvolver competências essenciais no uso do Make.
  - **03 - Intermediário**: Cursos voltados para usuários com experiência básica que desejam avançar suas habilidades.
- Cada nível apresenta um link *"Ver cursos →"* que direciona para uma lista detalhada de módulos ou aulas.

3. Navegação Superior

- O menu no canto superior direito oferece opções como:
  - **Casa**: Retorna à página inicial da Make Academy.
  - **Todos os cursos**: Mostra uma visão geral de todos os cursos disponíveis.
  - **Entrar**: Permite que usuários existentes acessem sua conta e progresso.

4. Design Visual

- A interface utiliza cores vibrantes, como tons de roxo e

rosa, alinhadas ao design moderno do Make.com, transmitindo uma experiência visual consistente e agradável.

Finalidade

A **Make Academy** é projetada para capacitar usuários a se tornarem proficientes no uso do Make.com, oferecendo cursos estruturados que atendem a diferentes níveis de experiência. Com uma interface acessível e cursos gratuitos, ela atende tanto iniciantes quanto usuários avançados, proporcionando uma experiência de aprendizado personalizada e flexível.

Essa plataforma é especialmente útil para profissionais que desejam maximizar o potencial de automação em suas organizações, bem como para novos usuários que precisam de uma introdução prática e gradual às funcionalidades do Make.

Tela do Diretório de Parceiros no Make.com

O **Diretório de Parceiros** é uma plataforma que facilita a conexão entre usuários e especialistas certificados em Make para acelerar projetos e simplificar processos de automação.

1. Introdução
- O título *"Criar diretório de parceiros"* é seguido por uma breve descrição:

"Encontre um consultor confiável e um especialista em produtos Make para acelerar seu tempo de retorno e simplificar a implementação de necessidades complexas de automação."

- A página enfatiza os benefícios de trabalhar com parceiros certificados, garantindo acesso a profissionais qualificados e experientes.

2. Níveis de Certificação

- Explicação sobre os níveis de parceiros disponíveis:
  - o **Platinum**: O mais alto nível de qualificação.
  - o **Gold** e **Silver**: Níveis subsequentes que também garantem expertise e excelência.

3. Como usar o Diretório Make?

A funcionalidade é explicada em três etapas simples:

1. **Encontre um parceiro:**
   - o Utilize filtros para localizar o parceiro ideal de acordo com suas necessidades específicas.
2. **Entre em contato com o parceiro:**
   - o Comunicação direta via formulário no perfil do parceiro.
3. **Inicie o projeto:**
   - o Após o parceiro aceitar a solicitação, ambos exploram as necessidades do projeto em detalhe.

4. Suporte Adicional

- Caso o usuário não encontre um parceiro adequado, a página oferece a funcionalidade *"Match me"* para auxiliar na busca.
- Para automações mais simples, recomenda-se a seção **Contrate um profissional da Comunidade Make.**

5. Navegação e Ação

- A barra de navegação no topo oferece acesso rápido a outras áreas da plataforma, como:
  - o **Soluções, Recursos,** e **Parcerias.**
- Botões de destaque, como **"Iniciar sessão"** e **"Comece gratuitamente"**, facilitam o engajamento do usuário.

Finalidade

A tela do **Diretório de Parceiros** é essencial para usuários que buscam suporte profissional em automações complexas. Ela conecta empresas e indivíduos com especialistas certificados, garantindo que os projetos sejam executados de maneira eficiente e personalizada.

Com explicações claras e uma interface intuitiva, a ferramenta simplifica o processo de encontrar e colaborar com especialistas, promovendo a excelência no uso da plataforma Make.com.

Tela de Suporte e Introdução ao Make.com

1. Lado Esquerdo: Suporte

- A seção à esquerda apresenta uma interface de suporte ao usuário com a pergunta:

  " 💡 *How can we help you today?*" (Como podemos ajudá-lo hoje?).

- Um campo suspenso solicita ao usuário que selecione um tópico para detalhar sua necessidade de suporte.

- Há um link para a **Status Page**, permitindo que o usuário verifique o estado operacional do Make.com, útil para entender se há problemas técnicos na plataforma.

2. Lado Direito: Apresentação do Make

- O lado direito exibe o slogan inspirador *"Dê vida às ideias #withMake"*, destacando a capacidade da plataforma de criar e automatizar fluxos de trabalho de forma visual e poderosa.
- O texto enfatiza a confiança de mais de 500.000 usuários na plataforma e lembra que o plano básico é gratuito para sempre.

3. Propósito da Tela

- **Suporte**: Facilitar o acesso rápido e eficiente a ajuda para problemas ou dúvidas relacionadas ao uso do Make.
- **Introdução**: Reforçar a missão da plataforma e engajar novos usuários com informações claras sobre seus benefícios e acessibilidade.

4. Design e Navegação

- A interface é minimalista, com duas seções bem delimitadas que tornam a interação intuitiva.
- Cores fortes como roxo e rosa reforçam a identidade visual do Make, criando uma sensação moderna e tecnológica.

Finalidade

Essa tela é projetada para oferecer suporte aos usuários existentes enquanto cativa novos, combinando assistência prática com uma visão clara e motivadora da plataforma Make.com. A simplicidade da navegação e as mensagens diretas refletem o compromisso do Make com acessibilidade e usabilidade.

Tela do Programa de Afiliados do Make

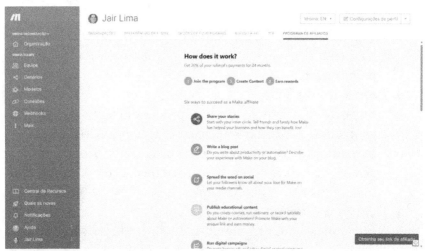

Descrição Geral

Essa tela apresenta o programa de afiliados do Make.com, explicando como ele funciona e fornecendo diretrizes claras para os participantes. Ela combina informações sobre benefícios, etapas para ingressar e dicas práticas para maximizar os ganhos como afiliado.

Elementos da Tela
1. **Título e Introdução**
    - **Título:** "How does it work?" (Como funciona?)
    - **Descrição:** Explica que os afiliados podem receber 20% dos pagamentos de suas indicações por um período de 24 meses.
    - **Etapas:** O processo é dividido em três passos:
        1. **Join the program:** Inscreva-se no programa.
        2. **Create Content:** Crie conteúdos para promover.
        3. **Earn rewards:** Ganhe recompensas.
2. **Seção: Dicas para Sucesso**
    - **Título:** "Six ways to succeed as a Make affiliate"

(Seis formas de ter sucesso como afiliado do Make).

- o Cada dica inclui um ícone visual e uma breve descrição:
  - **Share your stories:** Compartilhe histórias com sua rede sobre como o Make ajudou sua empresa.
  - **Write a blog post:** Escreva artigos sobre produtividade ou automação, promovendo o Make.
  - **Spread the word on social:** Divulgue o Make em suas redes sociais.
  - **Publish educational content:** Crie conteúdos educativos, como cursos, webinars ou tutoriais, e inclua seu link de afiliado.
  - **Run digital campaigns:** Lance campanhas digitais para alcançar novos públicos.
  - **Create promotional assets:** Desenvolva materiais promocionais e estratégias inovadoras.

3. **Botão de Ação**
   - o Um botão na parte inferior direita permite acessar o link de afiliado: **"Obtenha seu link de afiliado"**.

4. **Menu de Navegação**
   - o O menu à esquerda apresenta a estrutura padrão da interface do Make, com itens como:
     - Organização.
     - Equipe.
     - Cenários.
     - Modelos.
     - Conexões.
     - Webhooks.
     - Recursos adicionais como notificações e

central de ajuda.

5. **Configurações de Perfil**

   o No canto superior direito, há opções de configuração de perfil, idioma, e outras preferências pessoais.

Objetivo da Tela

A página é projetada para recrutar e apoiar afiliados, fornecendo instruções claras e destacando os benefícios do programa. As dicas práticas ajudam os usuários a maximizar o impacto de suas ações promocionais e, consequentemente, seus ganhos.

Design e Navegabilidade

- A interface é limpa e direta, com ícones coloridos que tornam as dicas visualmente atraentes.
- O botão de ação reforça a conversão, incentivando o afiliado a começar imediatamente.

Essa abordagem alinhada ao branding do Make promove simplicidade, profissionalismo e incentiva o engajamento no programa.

Tela de Organização - Make.com

Descrição Geral

Essa tela centraliza as configurações de organizações do usuário dentro do Make.com. Permite visualizar, gerenciar e criar novas organizações, sendo útil para estruturar equipes e fluxos de trabalho de maneira organizada.

Elementos da Tela
1. **Seção Principal**
   o **"Minha organização":** A única organização listada, representando o grupo de trabalho principal do usuário.
   o **Botão "Criar uma nova organização":** Permite adicionar uma nova organização. Essa funcionalidade é útil para separar projetos, equipes ou clientes.
2. **Opção de Excluir**
   o Botão de **Excluir** visível à direita, permitindo a exclusão da organização selecionada, caso seja necessário.
3. **Menu de Navegação**
   o Localizado no lado esquerdo, com as seções principais do Make.com, como:
     ▪ **Organização:** Central da tela atual.
     ▪ **Equipe:** Para gerenciamento de membros da organização.
     ▪ **Cenários, Modelos, Conexões, Webhooks:** Configurações avançadas para automação.
     ▪ **Ajuda e Configurações Pessoais:** Recursos adicionais de suporte e personalização.
4. **Configurações do Perfil**
   o Localizadas no canto superior direito, com opções de idioma (EN), configurações de perfil e acessos adicionais, como API e autenticação 2FA.

Objetivo da Tela

A interface é projetada para:

- Proporcionar uma visão geral das organizações criadas pelo usuário.
- Facilitar a criação ou exclusão de organizações.
- Oferecer acesso rápido a configurações específicas relacionadas a equipes e automações.

Design e Navegabilidade

- Simplicidade e clareza marcam o design, com opções claramente rotuladas.
- O botão de criação (+ Criar uma nova organização) reforça a expansão da funcionalidade.

Essa tela é fundamental para estruturar e gerir múltiplas frentes de trabalho dentro da plataforma Make.com.

2.6 Configuração de Fuso Horário no Make.com: Evitando Problemas em Automações

A configuração correta do fuso horário é um aspecto crucial para garantir que as automações no Make.com funcionem de maneira previsível e sem erros. Quando o fuso horário não está configurado corretamente, podem ocorrer problemas como a execução de cenários em horários inesperados, disparo incorreto de eventos baseados no tempo e desalinhamento de agendamentos em integrações que dependem de datas e horas exatas.

Por que o Fuso Horário é Importante?

A configuração errada do fuso horário pode causar:

- Execução antecipada ou atrasada de cenários agendados.
- Erros em automações que dependem de datas e horários precisos.
- Problemas na sincronização de eventos entre sistemas diferentes.
- Inconsistência em registros de logs e relatórios gerados automaticamente.

Para evitar essas questões, é essencial definir corretamente o fuso horário tanto no perfil do usuário quanto na organização do Make.com. Isso garante que todas as execuções e logs sigam o mesmo padrão temporal.

Onde Configurar o Fuso Horário no Make.com?

A configuração do fuso horário precisa ser ajustada em **dois locais distintos**, conforme demonstrado nas capturas de tela anexadas abaixo.

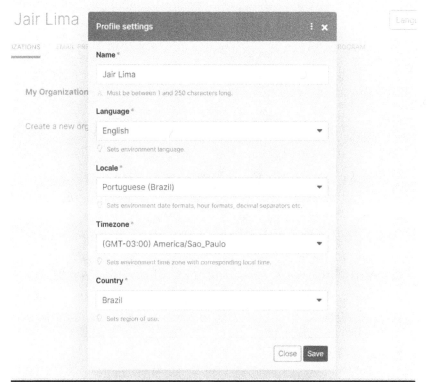

1. Configuração do Fuso Horário no Perfil do Usuário

Para garantir que a interface do Make.com exiba os horários corretamente para o usuário:

1. Acesse **Profile Settings** (Configurações do Perfil).
2. Em **Timezone**, selecione a opção correta para sua localização (por exemplo, **GMT-03:00 America/Sao_Paulo** para o horário de Brasília).
3. Salve as alterações.

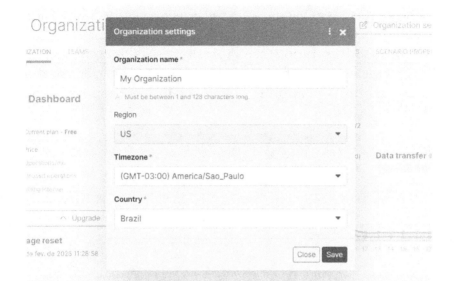

2. Configuração do Fuso Horário na Organização

Cada organização dentro do Make.com também tem sua própria configuração de fuso horário. Para ajustá-la:

1. Acesse **Organization Settings** (Configurações da Organização).
2. Em **Timezone**, selecione o fuso horário apropriado.
3. Salve as alterações para garantir que todos os cenários e eventos dentro da organização sejam executados no horário correto.

Conclusão

A configuração correta do fuso horário evita erros críticos em automações que dependem de tempo, garantindo execução precisa e confiável dos cenários. Certifique-se de revisar ambas as configurações para alinhar o comportamento do Make.com às suas necessidades e garantir que todas as execuções ocorram conforme o planejado.

2.7 Conclusão do Capítulo

O **Make.com** não é apenas mais uma ferramenta de automação — é uma **plataforma robusta e flexível que transforma tarefas manuais e repetitivas em processos automatizados inteligentes.**

Neste capítulo, você entendeu:

- A evolução histórica do Make.com.
- O que é uma plataforma de automação visual.
- Por que o Make.com é uma escolha poderosa para automações avançadas.
- Como os principais elementos da interface (cenários, módulos e fluxos) funcionam.

No próximo capítulo, vamos dar o **primeiro passo prático**: aprender como criar sua **primeira automação no Make.com** e explorar exemplos reais.

Prepare-se para colocar a mão na massa e desbloquear todo o potencial da automação visual!

///make

CAPÍTULO 3: A LINGUAGEM VISUAL DA AUTOMAÇÃO

3.1 Entendendo o conceito de "Cenários"

No **Make.com**, a unidade fundamental de qualquer automação é chamada de **Cenário**. Um cenário é como uma **linha de montagem digital**, onde diferentes etapas trabalham juntas para realizar uma tarefa específica, seguindo uma sequência lógica.

O que é um Cenário?

- Um **Cenário** é uma estrutura visual que conecta aplicativos, serviços ou módulos para realizar ações automatizadas.
- Cada cenário é composto por **módulos** que representam ações individuais, como enviar um e-mail, atualizar uma planilha ou buscar dados de uma API.
- Ele pode ser **simples**, com duas ou três etapas, ou **complexo**, envolvendo dezenas de módulos com múltiplas ramificações e condições.

Exemplo de Cenário Simples:

1. Um novo formulário é preenchido no Google Forms.
2. As respostas são salvas automaticamente em uma planilha do Google Sheets.
3. Um e-mail de confirmação é enviado ao usuário.

Exemplo de Cenário Complexo:

1. Um cliente faz uma compra em um site de e-commerce.
2. O pedido é registrado em um sistema ERP.

3. Um alerta é enviado ao estoque.
4. O cliente recebe um e-mail com o status do pedido.
5. Uma entrada é criada no CRM com informações do cliente.

Por que os Cenários são importantes?

- Eles permitem visualizar claramente cada etapa do fluxo de trabalho.
- Facilitam o diagnóstico de problemas em processos automatizados.
- São reutilizáveis: você pode duplicar e ajustar cenários existentes para novos fins.

No **Make.com**, os cenários são a base de tudo. Dominar sua criação e estruturação é essencial para aproveitar ao máximo a ferramenta.

3.2 Como funcionam os "Módulos"

Dentro de um cenário, cada ação ou evento é representado por um **Módulo**.

O que é um Módulo?

- Um **Módulo** é uma unidade funcional dentro de um cenário.
- Ele representa uma ação específica, como "Buscar Dados", "Enviar E-mail", ou "Atualizar Banco de Dados".
- Cada módulo está vinculado a um serviço ou aplicativo específico (por exemplo, Gmail, Trello, HubSpot).

Tipos de Módulos no Make.com:

1. **Módulos de Ação:** Executam uma tarefa (ex: enviar um e-mail).
2. **Módulos de Gatilho (Triggers):** Disparam o fluxo com base em um evento (ex: um formulário foi preenchido).
3. **Módulos de Filtro:** Controlam quais dados seguem para o próximo módulo.
4. **Módulos de Transformação:** Manipulam dados,

alterando formatos, combinando informações ou aplicando cálculos.

Como os Módulos se conectam?

- Cada módulo envia dados para o próximo.
- Você pode adicionar **condições** para decidir quais dados seguem para o próximo módulo.
- Dados podem ser **manipulados** entre módulos para garantir que cheguem no formato correto.

Exemplo Prático de Módulos:

1. **Gatilho:** Novo e-mail recebido no Gmail.
2. **Ação:** Extrair informações específicas (nome, telefone).
3. **Transformação:** Formatar dados para inclusão no CRM.
4. **Ação:** Salvar dados no HubSpot.

Os módulos são **blocos de construção dos cenários**, e aprender a combiná-los é a chave para criar automações eficazes.

3.3 O fluxo de dados entre diferentes etapas

O fluxo de dados é o caminho que a informação percorre entre os módulos dentro de um cenário. Entender esse fluxo é essencial para garantir que suas automações funcionem corretamente.

Como os dados fluem no Make.com:

1. **Origem dos Dados:** Tudo começa com um módulo de gatilho (ex: formulário preenchido, e-mail recebido).
2. **Processamento:** Os dados são manipulados, filtrados e transformados por módulos intermediários.
3. **Destino Final:** Os dados são enviados ao módulo final (ex: um CRM, uma planilha ou uma notificação por e-mail).

Transformação de Dados:

- Durante o fluxo, os dados podem ser transformados.
- Exemplos incluem:
  - o Alterar o formato de uma data.

- o Converter texto para maiúsculas.
- o Somar valores de uma lista.

Filtros e Condições:

- Os filtros controlam quais dados passam para o próximo módulo.
- Exemplo: Apenas e-mails com a palavra "Urgente" no assunto seguem para um alerta no Slack.

Erros no Fluxo de Dados:

- Dados podem ser perdidos se não forem corretamente manipulados.
- Um formato incompatível pode interromper um cenário.
- A falta de testes pode gerar falhas invisíveis.

Dica Prática: Sempre faça testes antes de ativar um cenário em produção para garantir que os dados fluam corretamente.

3.4 Erros comuns ao começar e como evitá-los

Ao iniciar com o **Make.com**, é natural cometer alguns erros. Vamos identificar os mais comuns e aprender a evitá-los:

1. **Ignorar os Testes Iniciais:**
   - o **Erro:** Ativar um cenário sem testar.
   - o **Solução:** Utilize a função **"Run Once"** para testar cada cenário antes de ativá-lo.
2. **Falta de Filtros Adequados:**
   - o **Erro:** Dados desnecessários passam por todos os módulos.
   - o **Solução:** Use filtros para garantir que apenas dados relevantes continuem no fluxo.
3. **Não Documentar Cenários Complexos:**
   - o **Erro:** Não anotar a lógica por trás do cenário.
   - o **Solução:** Adicione notas explicativas em módulos críticos.
4. **Desconhecer os Limites de Uso:**
   - o **Erro:** Cenários consomem recursos além do esperado.
   - o **Solução:** Monitore o uso e ajuste programações

para evitar sobrecarga.

5. **Erros na Manipulação de Dados:**
   o **Erro:** Formatos de dados incompatíveis entre módulos.
   o **Solução:** Utilize módulos de transformação para garantir compatibilidade.

6. **Dependência Excessiva de um Único Cenário:**
   o **Erro:** Um cenário faz tudo, mas é impossível de gerenciar.
   o **Solução:** Divida automações complexas em vários cenários menores.

Dica de Ouro: Comece pequeno. Crie cenários simples, teste cada etapa e, somente depois, evolua para fluxos mais complexos.

3.5 Conclusão do Capítulo

Neste capítulo, você aprendeu:

- O que são **Cenários** e como eles estruturam a automação.
- Como os **Módulos** representam ações individuais dentro de um fluxo.
- Como os **dados fluem** entre as etapas e como manipulá-los.
- Erros comuns que iniciantes cometem e como evitá-los.

Agora que você domina a **linguagem visual da automação**, está pronto para começar a **criar seus primeiros cenários no Make.com**.

No **próximo capítulo**, vamos mergulhar na prática: **crie sua primeira automação e veja resultados reais em ação!**

///make

CAPÍTULO 4: CONECTANDO APLICATIVOS – PRIMEIROS PASSOS NA AUTOMAÇÃO

4.1 Como criar sua primeira integração

Criar uma automação no **Make.com** pode parecer desafiador no início, mas seguindo os passos corretos, você perceberá que é um processo intuitivo e lógico. Neste capítulo, vamos explorar como criar sua **primeira integração**, desde a configuração inicial até a execução do cenário.

Passo 1: Acessar o Painel Principal

- Faça login no **Make.com**.
- No painel principal, clique em **"Create a New Scenario"** (Criar Novo Cenário).
- A tela de construção será aberta, exibindo uma interface limpa e um espaço para adicionar módulos.

Passo 2: Escolher o Aplicativo Inicial

- Clique no símbolo **"+"** no centro da tela.
- Escolha o aplicativo que servirá como **gatilho inicial** (ex.: Gmail, Google Sheets, Trello).
- Conecte sua conta do aplicativo ao Make.com. Será necessário fornecer permissões de acesso.

Passo 3: Definir a Ação do Gatilho

- Escolha uma ação que servirá como **disparador** (ex.: "Novo E-mail Recebido" para Gmail).
- Configure os parâmetros necessários (ex.: pasta de entrada, assunto específico).

Passo 4: Adicionar Módulos Adicionais
- Clique novamente no símbolo **"+"** para adicionar o próximo módulo.
- Escolha outro aplicativo (ex.: Google Sheets para armazenar informações).
- Configure a ação (ex.: "Adicionar uma nova linha na planilha").

Passo 5: Salvar e Ativar
- Depois de adicionar todos os módulos necessários, clique em **"Save"** (Salvar).
- Ative o cenário e defina a frequência de execução (imediata, agendada, etc.).

Exemplo Simples:
1. **Trigger:** Receber um novo e-mail no Gmail.
2. **Ação:** Extrair informações do e-mail.
3. **Ação:** Adicionar os dados extraídos a uma planilha do Google Sheets.

Agora, sua primeira automação está pronta para ser testada!

4.2 Conectando aplicativos populares (Gmail, Google Sheets, Trello)

O **Make.com** permite conectar milhares de aplicativos populares. Vamos ver como configurar os mais comuns:

1. Gmail:
- **Objetivo:** Automatizar processos relacionados a e-mails.
- **Exemplos de uso:**
    o Salvar anexos automaticamente no Google Drive.
    o Responder e-mails com mensagens pré-formatadas.
- **Configuração:**
    o Adicione o módulo Gmail ao seu cenário.
    o Escolha uma ação (ex.: "Watch Emails").
    o Conceda permissões de acesso ao Gmail conforme o passo a passo no próximo tópico.

2. Google Sheets:

- **Objetivo:** Manipular dados em planilhas automaticamente.
- **Exemplos de uso:**
  - o Adicionar dados automaticamente a partir de formulários.
  - o Atualizar células específicas com informações externas.
- **Configuração:**
  - o Adicione o módulo Google Sheets.
  - o Escolha uma ação (ex.: "Add Row").
  - o Conecte sua conta do Google.

3. Trello:
- **Objetivo:** Gerenciar tarefas e projetos com mais eficiência.
- **Exemplos de uso:**
  - o Criar cartões automaticamente para novos e-mails importantes.
  - o Mover cartões entre listas com base em gatilhos externos.
- **Configuração:**
  - o Adicione o módulo Trello.
  - o Escolha uma ação (ex.: "Create a Card").
  - o Conecte sua conta do Trello.

Dica: Sempre teste cada integração individualmente antes de ativar cenários mais complexos.

4.2.1 Passo a Passo: Conectando o Gmail ao Make

Para conectar sua conta do Gmail ao Make, siga os seguintes passos:

1. **Adicione o módulo Gmail ao seu cenário e faça a conexão com o Google.** Note que após conectar vai dar o seguinte erro: *"Error It is not possible to use restricted scopes with customer @gmail.com accounts. For more information on how to connect restricted scopes visit our documentation. It is not*

possible to use restricted scopes with customer @gmail.com accounts. For more information on how to connect restricted scopes visit our documentation.".

- o Conforme a figura acima, esse erro acontece quando um aplicativo tenta acessar escopos restritos do Google usando uma conta pessoal do Gmail. Isso geralmente ocorre ao tentar usar APIs do Google (como Google Sheets, Drive ou Gmail) sem a devida autorização ou configuração correta.

2. **Como resolver:** Verifique os escopos que o app está solicitando.
   - o Alguns escopos exigem que o app seja verificado pelo Google para funcionar com contas pessoais (@gmail.com).
   - o Escopos restritos incluem acesso total a e-mails,

contatos e dados sensíveis do usuário.

3. **Acesse o Google Cloud Platform**:
   - [2]https://console.cloud.google.com/
   - Faça login no Google Cloud Platform com sua conta do Google.

4. **Crie um novo projeto**:
   - No menu superior, clique em "Selecionar um projeto" e, em seguida, em "Novo projeto".
   - Dê um nome ao projeto, como "Conexão Gmail Make", e clique em "Criar" conforme a figura abaixo:

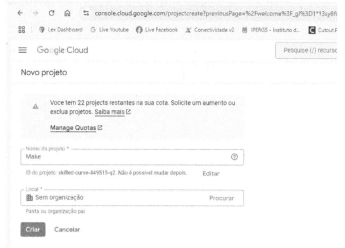

5. **Ative a API do Gmail**:
   - No menu à esquerda, vá em "APIs e serviços" e selecione "Biblioteca".
   - Procure por "Gmail API" e clique em "Ativar" conforme a figura abaixo:

---

[2] https://console.cloud.google.com/

6. **Configure a tela de consentimento OAuth**:

- Ainda em "APIs e serviços", clique em "Tela de consentimento OAuth".
- Selecione o tipo de usuário como "Externo" e clique em "Criar" conforme a figura abaixo:

-
- Preencha as informações básicas do aplicativo, como nome (por exemplo, "Conexão Gmail Make") e seu endereço de e-mail conforme a figura abaixo:

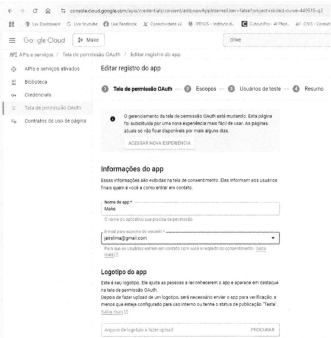

o
o Em "Domínios autorizados", adicione make.com
e integromat.com conforme as figuras abaixo:

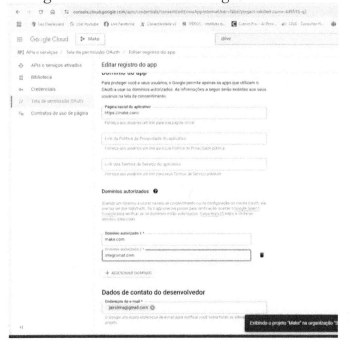

o

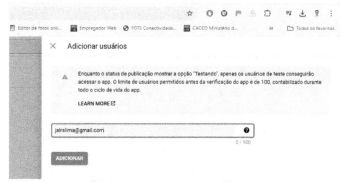

- o
- o Clique em "Salvar e continuar" até concluir a configuração.

7. **Crie credenciais OAuth:**
   - o No menu "Credenciais", clique em "Criar credenciais" e selecione "ID do cliente OAuth" conforme a figura abaixo:

   - o
   - o Escolha "Aplicativo da Web" como tipo de aplicativo.
   - o Em "URIs de redirecionamento autorizados", adicione:
     https://www.integromat.com/oauth/cb/google-restricted conforme figura abaixo:

o

o Clique em "Criar" e copie o "ID do cliente" e a "Chave secreta do cliente" conforme a figura abaixo:

o

8. **Conecte novamente o Gmail ao Make**:

- o No Make, adicione um módulo do Gmail ao seu cenário e clique em "Adicionar" para criar uma nova conexão.
- o Clique em Show advanced settings.
- o No campo "ID do cliente", cole o ID do cliente obtido anteriormente.
- o No campo "Chave secreta do cliente", cole a chave secreta correspondente.
- o Clique em "Sign in with Google" e autorize o acesso à sua conta do Gmail conforme as imagens abaixo clicando em continuar, continuar novamente, marcando a caixa "Ler, escrever, enviar e excluir..." e depois em continuar:

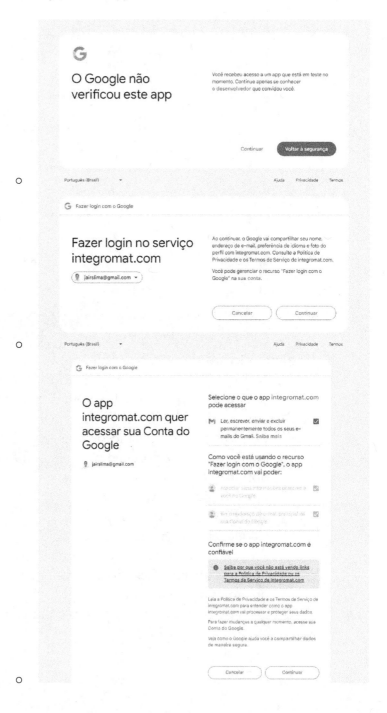

4.3 Criando triggers para iniciar automações

Os **triggers** (gatilhos) são o ponto de partida de qualquer automação. Eles determinam **quando** e **por que** uma automação será iniciada.

Tipos de Triggers no Make.com:

1. **Baseados em Eventos:** O cenário é acionado quando algo acontece (ex.: um e-mail chega, um formulário é preenchido).
2. **Baseados em Tempo:** O cenário é acionado em intervalos regulares (ex.: diariamente, semanalmente).
3. **Manual:** O cenário é iniciado apenas quando você clica em "Run Once".

Como Criar um Trigger:

1. Adicione o primeiro módulo ao cenário.
2. Escolha um aplicativo que funcione como gatilho.
3. Selecione um evento (ex.: "Novo E-mail Recebido", "Nova Linha Adicionada").
4. Configure os parâmetros (ex.: pasta específica no Gmail).

Exemplo Prático de Trigger:

- **Trigger:** Sempre que uma nova linha for adicionada a uma planilha do Google Sheets.
- **Ação:** Enviar uma notificação no Slack.

Dica de Ouro: Certifique-se de que seu trigger está bem definido para evitar execuções desnecessárias.

4.4 Testando e monitorando um cenário simples

Testar e monitorar seus cenários é fundamental para garantir que eles funcionem corretamente e sem falhas.

Como Testar um Cenário no Make.com:

1. Após configurar seu cenário, clique em **"Run Once"** (Executar uma vez).
2. O Make.com mostrará em tempo real como os dados fluem entre os módulos.
3. Verifique os logs de cada módulo para garantir que não houve falhas.

Monitoramento Contínuo:
- Acesse a aba de **"Logs"** para visualizar um histórico de execuções.
- Monitore erros frequentes e ajuste os módulos conforme necessário.
- Configure alertas para ser notificado em caso de falha.

Erros Comuns Durante Testes:
1. **Trigger Mal Configurado:** O cenário não é acionado corretamente.
2. **Dados Incompatíveis:** Informações não chegam no formato esperado.
3. **Permissões Insuficientes:** O Make.com não tem acesso aos aplicativos conectados.

Exemplo Prático de Teste:
- Crie um cenário para enviar uma mensagem no Slack sempre que receber um novo e-mail.
- Execute o cenário manualmente com **"Run Once"**.
- Verifique se a mensagem aparece corretamente no Slack.

4.5 Conclusão do Capítulo

Neste capítulo, você aprendeu:
- Como criar sua **primeira integração** no Make.com.
- Como conectar **aplicativos populares** como Gmail, Google Sheets e Trello.
- A importância dos **triggers** e como configurá-los corretamente.
- Como **testar e monitorar** um cenário simples para garantir seu funcionamento.

Agora que você dominou os primeiros passos, está pronto para explorar cenários mais complexos e ver como a automação pode transformar sua rotina.

No próximo capítulo, vamos avançar para a **manipulação de dados no Make.com** — um dos recursos mais poderosos da plataforma. Prepare-se para desbloquear novas possibilidades!

◢◢ make

CAPÍTULO 5: MANIPULAÇÃO DE DADOS – TRANSFORME INFORMAÇÕES COM PRECISÃO

5.1 Como filtrar, formatar e transformar dados

A verdadeira força do **Make.com** está na sua capacidade de **manipular dados com precisão**. Dados brutos raramente estão no formato ideal para serem usados diretamente, e é aqui que entra a manipulação.

🔍 **Filtrando Dados**

Os **filtros** permitem que você controle quais dados passam de um módulo para o próximo.

- **Exemplo:** Receber todos os e-mails, mas apenas os que contêm a palavra "Urgente" no assunto seguem para notificação no Slack.
- **Como usar:**
    1. Clique na linha de conexão entre dois módulos.
    2. Adicione uma condição (ex.: "Assunto contém 'Urgente'").
    3. Salve e teste.

Dica: Utilize condições claras para evitar que dados desnecessários poluam seu fluxo de trabalho.

🔨 **Formatando Dados**

A formatação ajusta os dados para que eles sejam

compreensíveis e compatíveis entre módulos.

Exemplos comuns de formatação:

- **Datas:** Converter 2024-01-01 para 01 de Janeiro de 2024.
- **Texto:** Alterar tudo para maiúsculas, minúsculas ou capitalizar as iniciais.
- **Números:** Arredondar casas decimais ou formatar moedas.

Como usar:

1. Adicione um módulo de **"Data Manipulation"** ou **"Text Manipulation"**.
2. Escolha o tipo de formatação desejado.
3. Teste para verificar o resultado.

⟳ Transformando Dados

Transformar dados envolve mais do que apenas filtrá-los ou formatá-los. É o processo de reorganizar, combinar ou até mesmo criar novos dados a partir dos existentes.

Exemplos práticos de transformação:

- Concatenar informações de diferentes campos (Nome + Sobrenome).
- Criar identificadores únicos (ID + Data).
- Somar valores de uma lista (Valor Total da Compra).

Como usar:

1. Adicione um módulo de **"Aggregator"** para consolidar informações.
2. Configure regras para combinar ou transformar os dados.
3. Teste para garantir precisão.

5.2 Funções avançadas para cálculos, datas e textos

O **Make.com** possui funções integradas que permitem trabalhar com dados de forma avançada, trazendo um nível quase programático para suas automações.

▦ Cálculos Matemáticos

- **Objetivo:** Realizar somas, subtrações, médias e arredondamentos.
- **Exemplo:** Calcular o valor total de uma compra somando os itens de um carrinho.
- **Função:** sum(array) – Soma todos os valores de um array.

Manipulação de Datas

- **Objetivo:** Adicionar, subtrair ou formatar datas.
- **Exemplo:** Adicionar 7 dias a uma data para definir um prazo de entrega.
- **Função:** addDays(today; 7) – Adiciona 7 dias à data atual.

Manipulação de Textos

- **Objetivo:** Alterar textos, concatenar ou extrair informações.
- **Exemplo:** Extrair apenas o domínio de um endereço de e-mail.
- **Função:** split(text; "@") – Divide o texto pelo caractere "@".

Dica de Ouro: Combine funções para alcançar resultados mais complexos. Por exemplo:

```
less
addDays(formatDate(today; "YYYY-MM-DD"); 30)
```

(Adiciona 30 dias à data atual formatada como "YYYY-MM-DD").

5.3 Como evitar perda de dados durante o fluxo de trabalho

Automatizar processos com dados requer cuidado, pois a perda de informações pode comprometer todo o fluxo. Aqui estão algumas estratégias para garantir a integridade dos dados:

1. **Validar Dados em Cada Etapa:**
   - Use filtros para garantir que apenas dados válidos avancem.
   - Adicione verificações para campos obrigatórios.

2. **Logs e Monitoramento:**
   - o Ative o log detalhado para acompanhar a jornada dos dados.
   - o Monitore execuções com frequência para identificar inconsistências.
3. **Armazenamento Temporário:**
   - o Use módulos de armazenamento temporário (Data Store) para salvar dados críticos antes de enviá-los ao destino final.
4. **Gerenciar Erros com Cuidados:**
   - o Configure módulos para lidar com erros (ex.: enviar alerta em caso de falha).
   - o Use exceções para tratar dados inconsistentes.
5. **Testes Frequentes:**
   - o Execute pequenos testes durante a criação do cenário.
   - o Sempre valide as etapas após adicionar novos módulos.

Exemplo de Proteção Contra Perda de Dados:

- Um cenário que extrai dados de um formulário verifica se os campos obrigatórios foram preenchidos antes de enviá-los para uma planilha.

5.4 Exemplos práticos de manipulação de dados

Vamos explorar alguns exemplos reais de manipulação de dados no **Make.com**.

Exemplo 1: Envio de Faturas Personalizadas por E-mail
1. **Trigger:** Novo pedido recebido em uma loja virtual.
2. **Transformação:** Calcular o valor total do pedido com impostos.
3. **Formatação:** Converter a data para DD/MM/YYYY.
4. **Ação:** Enviar e-mail com fatura personalizada ao cliente.

Exemplo 2: Monitoramento de Leads no Google Sheets
1. **Trigger:** Novo lead adicionado a uma planilha.
2. **Filtragem:** Apenas leads com e-mail válido seguem

adiante.

3. **Ação:** Adicionar lead ao CRM.
4. **Ação:** Enviar uma mensagem automática de boas-vindas.

Exemplo 3: Relatório Diário Automatizado

1. **Trigger:** Executado diariamente às 8h.
2. **Ação:** Buscar dados de vendas no sistema ERP.
3. **Transformação:** Somar o total das vendas.
4. **Ação:** Gerar um relatório formatado.
5. **Ação:** Enviar o relatório por e-mail ao gerente.

5.5 Conclusão do Capítulo

Neste capítulo, você aprendeu:

- Como **filtrar, formatar e transformar dados** no Make.com.
- Funções avançadas para cálculos, datas e textos.
- Estratégias para evitar **perda de dados durante os fluxos de trabalho.**
- **Exemplos práticos** para aplicar imediatamente em suas automações.

Manipular dados corretamente transforma um fluxo simples em uma automação verdadeiramente poderosa. Agora, você está pronto para avançar para o próximo nível.

No **Capítulo 6,** vamos explorar como **estruturar fluxos de trabalho complexos e inteligentes** para otimizar ainda mais suas automações.

Prepare-se para turbinar suas habilidades no Make.com!

/// make

CAPÍTULO 6: FLUXOS DE TRABALHO INTELIGENTES – CRIANDO AUTOMAÇÕES PODEROSAS

6.1 Como estruturar automações complexas

Automatizar tarefas simples é fácil, mas quando os fluxos se tornam mais robustos, é essencial ter uma estrutura bem definida. No **Make.com**, a organização é a chave para garantir que automações complexas funcionem corretamente, sejam escaláveis e fáceis de manter.

🔑 **Princípios Básicos de Estruturação**
1. **Defina o Objetivo do Cenário:**
   - Qual é o resultado esperado?
   - Quais são as entradas e saídas dos dados?
2. **Mapeie o Fluxo de Trabalho:**
   - Use diagramas simples (no papel ou em ferramentas como Miro) para visualizar cada etapa.
3. **Divida em Módulos Claros:**
   - Cada módulo deve ter uma função clara e única.
   - Evite sobrecarregar um módulo com múltiplas responsabilidades.
4. **Use Nomes Claros para Módulos:**
   - Nomeie cada módulo de forma descritiva (ex.: "Extrair Dados do Formulário", "Validar E-

mail").

5. **Agrupe Funções Relacionadas:**
   o Mantenha módulos semelhantes próximos para maior clareza.

6. **Priorize a Ordem Lógica:**
   o Garanta que as ações ocorram na ordem correta (ex.: validar dados antes de enviá-los para um CRM).

Estruturação na Prática
Exemplo: Automação de Atendimento ao Cliente

1. **Trigger:** Um novo formulário é preenchido.
2. **Validação:** Checar se todos os campos obrigatórios estão preenchidos.
3. **Ação 1:** Adicionar informações ao sistema de CRM.
4. **Ação 2:** Enviar um e-mail automático de confirmação.
5. **Ação 3:** Notificar o time de vendas no Slack.

Cada passo é claro, isolado e pode ser monitorado individualmente. Esse tipo de estrutura facilita o diagnóstico de problemas.

6.2 Uso de múltiplos módulos e ramificações lógicas

À medida que os fluxos de trabalho crescem, torna-se necessário introduzir **condicionais** e **ramificações lógicas** para criar automações dinâmicas.

O que são Ramificações Lógicas?

- São caminhos alternativos que os dados podem seguir com base em condições específicas.
- Permitem que um único cenário lide com múltiplas situações.

Exemplos Práticos de Ramificações

1. **Caso de Uso: Atendimento Personalizado**
   o **Se:** O cliente seleciona "Suporte Técnico" no formulário.

- **Ação:** Enviar para o time de suporte.
    o **Se:** O cliente seleciona "Financeiro".
    - **Ação:** Enviar para o time financeiro.
2. **Caso de Uso: Aprovação de Documentos**
    o **Se:** O documento enviado estiver completo.
    - **Ação:** Aprovar automaticamente.
    o **Se:** O documento tiver campos faltando.
    - **Ação:** Enviar um e-mail de revisão.

⚙ **Como Criar Ramificações no Make.com**
1. Adicione um **módulo condicional** (ex.: "Router").
2. Defina critérios para cada ramificação (ex.: campo preenchido, valor numérico, palavra-chave).
3. Adicione módulos adicionais para cada caminho condicional.

Dica: Sempre teste todas as ramificações para garantir que os dados fluem corretamente em cada caminho.

6.3 Criação de fluxos condicionalmente dependentes

Um **fluxo condicionalmente dependente** ocorre quando uma etapa só pode ser executada se uma condição específica for atendida.

🔲 **Como Funciona na Prática**
1. **Condição 1:** O módulo anterior retorna um resultado específico (ex.: aprovação).
2. **Condição 2:** Um campo está preenchido corretamente (ex.: e-mail válido).
3. **Condição 3:** Um módulo de validação não retorna erros.

🔗 **Exemplo Prático**
Caso: Envio de Relatórios Automatizados
1. **Trigger:** Um relatório mensal é gerado.
2. **Condição:** Se o total de vendas exceder R$ 10.000:
    o **Ação:** Enviar o relatório para o gerente.
3. **Condição Alternativa:** Se não atingir R$ 10.000:

- o **Ação:** Gerar uma notificação de baixa performance.

○ **Melhores Práticas para Fluxos Dependentes**

- **Simplifique Condições Complexas:** Evite criar condicionais com múltiplas camadas difíceis de depurar.
- **Use Módulos de Validação:** Verifique dados antes de avançar para módulos mais críticos.
- **Registre Logs:** Adicione etapas de registro para acompanhar falhas e sucessos.

6.4 Melhores práticas para cenários eficientes

Criar cenários poderosos vai além de conectar módulos. É preciso garantir que eles sejam **eficientes, escaláveis e fáceis de manter**.

✅ **Melhores Práticas:**

1. **Minimize Módulos Desnecessários:** Cada módulo consome recursos. Mantenha apenas os essenciais.
2. **Agrupe Processos Relacionados:** Evite misturar tarefas desconexas no mesmo cenário.
3. **Defina Horários Estratégicos:** Agende execuções em horários de menor demanda, se possível.
4. **Gerencie Erros com Moderação:** Configure alertas automáticos para erros críticos.
5. **Crie Backups dos Dados:** Armazene temporariamente informações importantes antes do processamento final.
6. **Documente os Cenários:** Use notas nos módulos para explicar funções e dependências.

🔄 **Dica Extra: Divida Cenários Complexos**

- Cenários excessivamente grandes são difíceis de manter.
- Divida automações complexas em **múltiplos cenários menores e interligados**.
- Isso facilita o diagnóstico de problemas e aumenta a clareza.

6.5 Conclusão do Capítulo

Neste capítulo, você aprendeu:

- Como **estruturar automações complexas** de forma clara e eficiente.
- A importância das **ramificações lógicas** para criar caminhos dinâmicos nos cenários.
- Como criar **fluxos condicionalmente dependentes** para garantir precisão nas automações.
- As **melhores práticas** para manter cenários eficientes e sustentáveis.

Agora você tem as ferramentas necessárias para criar **automações robustas e inteligentes no Make.com**. Cada fluxo de trabalho pode ser uma solução personalizada para um problema específico, com eficiência e precisão.

No **Capítulo 7**, vamos mergulhar em **casos de uso práticos**, explorando como empresas reais utilizam o Make.com para transformar seus processos diários.

Prepare-se para ver a automação em ação!

⫻ make

CAPÍTULO 7: CASOS DE USO PRÁTICOS – MAKE.COM EM AÇÃO

7.1 Automação de Marketing: Fluxo de Leads para CRM

No mundo do marketing digital, **capturar, organizar e nutrir leads** de forma eficiente é essencial para garantir o sucesso de campanhas. Com o **Make.com**, você pode automatizar todo o processo, garantindo que nenhuma oportunidade seja perdida.

Cenário: Captura de Leads e Integração com CRM

Objetivo: Automatizar a transferência de leads capturados por formulários online para um sistema de CRM.

Fluxo de Trabalho:

1. **Gatilho:** Um usuário preenche um formulário de inscrição (ex.: Google Forms, Typeform).
2. **Validação:** Verificar se os campos obrigatórios estão preenchidos (nome, e-mail).
3. **Ação:** Adicionar os dados do lead ao CRM (ex.: HubSpot, Salesforce).
4. **Ação:** Enviar um e-mail de boas-vindas automatizado.
5. **Ação:** Notificar o time de vendas por Slack.

Benefícios:

- Eliminação de entrada manual de dados.
- Resposta rápida para leads qualificados.
- Melhor organização e segmentação no CRM.

Exemplo Prático:

- **Gatilho:** Novo formulário no Typeform.
- **Ação 1:** Validar e formatar os dados.
- **Ação 2:** Criar um novo contato no HubSpot CRM.
- **Ação 3:** Enviar um e-mail de boas-vindas.

Dica Extra: Utilize tags no CRM para segmentar automaticamente os leads com base nas respostas do formulário.

7.2 Atendimento ao Cliente: Suporte automatizado entre sistemas

O suporte ao cliente pode ser uma tarefa repetitiva e propensa a erros quando gerenciada manualmente. O **Make.com** permite conectar sistemas de atendimento (ex.: Zendesk, Freshdesk) com ferramentas de comunicação, oferecendo uma experiência mais rápida e eficiente.

🚀 **Cenário: Gestão de Tickets de Suporte**

Objetivo: Automatizar a criação, atualização e resolução de tickets de suporte.

Fluxo de Trabalho:

1. **Gatilho:** Um cliente envia um e-mail solicitando suporte.
2. **Ação:** Criar automaticamente um ticket no Zendesk.
3. **Ação:** Enviar uma mensagem automática confirmando o recebimento do pedido.
4. **Ação:** Notificar um agente responsável no Slack.
5. **Condição:** Se o ticket não for respondido em 24 horas, enviar um lembrete automático.

Benefícios:

- Maior agilidade na resposta aos clientes.
- Redução de falhas humanas no registro de tickets.
- Monitoramento constante do tempo de resposta.

Exemplo Prático:

- **Gatilho:** Novo e-mail no suporte (Gmail).
- **Ação 1:** Criar um ticket no Zendesk.
- **Ação 2:** Enviar e-mail automático ao cliente.
- **Ação 3:** Notificar o agente responsável no Slack.

Dica Extra: Adicione gatilhos para escalar tickets não resolvidos para níveis superiores de suporte.

7.3 Gestão de Projetos: Sincronização de Tarefas e Planilhas

Manter informações sincronizadas entre ferramentas de gerenciamento de projetos (ex.: Trello, Asana, Monday.com) e planilhas pode ser desafiador. O **Make.com** facilita essa integração, garantindo que todos os dados estejam sempre atualizados.

🚀 **Cenário: Sincronização de Tarefas com Planilhas**
Objetivo: Automatizar a sincronização de tarefas entre Trello e Google Sheets.
Fluxo de Trabalho:
1. **Gatilho:** Uma nova tarefa é criada no Trello.
2. **Ação:** Adicionar automaticamente as informações da tarefa em uma planilha do Google Sheets.
3. **Condição:** Se o status da tarefa mudar para "Concluído", atualizar automaticamente a planilha.
4. **Ação:** Notificar a equipe sobre a conclusão via Slack.
Benefícios:
* Redução de erros de atualização manual.
* Maior visibilidade do progresso do projeto.
* Sincronização em tempo real.
Exemplo Prático:
* **Gatilho:** Nova tarefa criada no Trello.
* **Ação 1:** Adicionar uma nova linha no Google Sheets com os detalhes da tarefa.
* **Ação 2:** Atualizar status automaticamente quando a tarefa for concluída.
* **Ação 3:** Enviar notificação no Slack para atualização de progresso.
Dica Extra: Use colunas na planilha para monitorar prazos e responsáveis por cada tarefa.

7.4 E-commerce: Notificações automáticas para clientes

No comércio eletrônico, manter os clientes informados sobre o status de seus pedidos é fundamental para garantir uma experiência positiva. O **Make.com** automatiza esse processo, reduzindo erros e aumentando a satisfação do cliente.

🚀 Cenário: Atualizações de Pedidos Automáticas

Objetivo: Manter os clientes informados automaticamente sobre o status de seus pedidos.

Fluxo de Trabalho:

1. **Gatilho:** Um novo pedido é registrado na plataforma de e-commerce (ex.: Shopify, WooCommerce).
2. **Ação:** Enviar um e-mail de confirmação de pedido.
3. **Condição:** Quando o pedido for enviado, enviar um e-mail de atualização com o código de rastreamento.
4. **Ação:** Notificar automaticamente o time de logística.

Benefícios:

- Comunicação proativa com o cliente.
- Redução de solicitações de suporte relacionadas a status de pedidos.
- Atualizações consistentes e sem falhas.

Exemplo Prático:

- **Gatilho:** Novo pedido no Shopify.
- **Ação 1:** Enviar e-mail de confirmação ao cliente.
- **Ação 2:** Adicionar informações na planilha de controle.
- **Ação 3:** Enviar notificação ao time de logística no Slack.

Dica Extra: Integre ferramentas de rastreamento de frete para atualizar automaticamente o status de entrega no cenário.

7.5 Exemplos Práticos Mais Variados: Expansão da Automação para Novas Áreas

A automação de processos não se limita ao e-commerce, marketing e atendimento ao cliente. Diversas outras áreas podem se beneficiar de fluxos automatizados para otimizar o tempo, reduzir erros e melhorar a produtividade. Neste capítulo, exploramos como a automação pode ser aplicada em **educação e finanças**, ampliando as possibilidades do Make.com para diferentes setores.

1. Automação na Educação: Facilitando a Vida de Professores e Alunos

A tecnologia tem revolucionado o ensino, e a automação pode desempenhar um papel fundamental na gestão acadêmica, simplificando tarefas repetitivas para que professores e alunos possam focar no aprendizado.

Exemplos de Automação na Educação

☑ **Envio Automático de Materiais Didáticos**

- Um professor pode configurar um fluxo no **Make.com** para enviar automaticamente apostilas, PDFs e links de vídeo para alunos assim que uma nova aula for adicionada a um Google Drive compartilhado.

☑ **Correção e Feedback Automatizado**

- Provas e atividades enviadas por **Google Forms** podem ser processadas automaticamente, gerando relatórios de desempenho para cada aluno. Os feedbacks podem ser enviados por e-mail ou pelo WhatsApp.

☑ **Lembretes e Notificações de Prazos**

- O Make.com pode ser integrado ao **Google Agenda** e ao **Slack** para lembrar alunos sobre datas de provas, prazos de trabalhos e reuniões com professores.

☑ **Matrículas e Inscrições Automatizadas**

- Ao receber um formulário de inscrição para um curso, o sistema pode registrar automaticamente os dados do aluno em uma planilha e enviar um e-mail de confirmação com todas as informações do curso.

2. Automação na Área Financeira: Eficiência e Redução de Erros em Processos de Pagamento

No setor financeiro, a automação pode **acelerar processos burocráticos, minimizar falhas humanas** e **garantir maior controle sobre transações**.

Exemplos de Automação Financeira

☑ Processamento Automático de Faturas e Boletos

- Empresas podem configurar o **Make.com** para verificar faturas pendentes e enviar notificações automáticas para clientes via e-mail ou SMS, lembrando sobre vencimentos e evitando inadimplência.

☑ Conciliação Bancária Automatizada

- Extratos bancários podem ser integrados automaticamente a um sistema de gestão financeira, categorizando transações e gerando relatórios em tempo real.

☑ Automação de Orçamentos e Propostas Comerciais

- Empresas que recebem solicitações de orçamento podem configurar um fluxo para gerar propostas automáticas e enviá-las por e-mail com base nos dados fornecidos pelo cliente.

☑ Emissão de Notas Fiscais

- Um fluxo pode ser criado para integrar **Google Sheets, ERP financeiro e um sistema de emissão de notas fiscais**, permitindo que as notas sejam geradas e enviadas automaticamente após cada pagamento recebido.

☑ Detecção de Pagamentos Atrasados e Cobrança Automatizada

- Um fluxo pode verificar diariamente se há contas em atraso e disparar mensagens automáticas de cobrança personalizadas para cada cliente.

7.6 Conclusão do Capítulo

Neste capítulo, você viu **exemplos práticos de como o Make.com pode ser aplicado em diferentes áreas:**

- **Marketing:** Captura automática de leads e integração com CRMs.
- **Atendimento ao Cliente:** Respostas rápidas e automáticas para tickets de suporte.

- **Gestão de Projetos:** Sincronização inteligente entre tarefas e planilhas.
- **E-commerce:** Atualizações automáticas de pedidos e notificações para clientes.

Cada cenário mostrou como **a automação pode reduzir erros, economizar tempo e melhorar processos de forma significativa.**

No **Capítulo 8,** vamos explorar **os erros mais comuns ao criar automações no Make.com e como solucioná-los.**

Prepare-se para dominar a arte de solucionar problemas com eficiência!

//// make

CAPÍTULO 8: ERROS COMUNS E COMO SOLUCIONÁ-LOS

8.1 Como usar logs para identificar problemas

No **Make.com**, os **logs** são a principal ferramenta para diagnosticar e resolver problemas em seus cenários de automação. Eles fornecem informações detalhadas sobre cada etapa da execução de um cenário, permitindo que você **identifique onde algo deu errado e por quê.**

🔍 **O que são Logs no Make.com?**

- São registros detalhados de todas as ações realizadas dentro de um cenário.
- Incluem informações como **módulos executados, dados processados, erros encontrados** e tempo de execução.

🔧 **Como acessar os logs?**

1. Acesse seu cenário no Make.com.
2. Clique em **"History"** (Histórico) na barra superior.
3. Selecione uma execução específica para visualizar os detalhes.
4. Verifique cada módulo para entender o fluxo de dados e identificar falhas.

⚠️ **O que procurar nos logs?**

- **Mensagens de erro:** Indicam falhas específicas, como dados ausentes ou formatos incompatíveis.
- **Fluxo interrompido:** Algum módulo pode não ter

executado corretamente.

- **Dados inesperados:** Valores que não correspondem ao esperado podem indicar problemas no fluxo.

Exemplo Prático:

- **Erro:** "Campo obrigatório ausente."
- **Causa provável:** Um módulo anterior não enviou os dados necessários.
- **Solução:** Ajuste o módulo anterior para garantir que os dados corretos sejam fornecidos.

Dica Extra: Sempre revise os logs após a criação de novos cenários para garantir que tudo esteja funcionando conforme esperado.

8.2 Erros frequentes ao configurar cenários

Ao trabalhar com automação no **Make.com**, alguns erros aparecem com mais frequência. Vamos explorar os mais comuns e suas soluções:

1. Erros de Configuração de Módulos

- **Problema:** Parâmetros obrigatórios não foram preenchidos.
- **Solução:** Revise cada módulo e certifique-se de que todos os campos obrigatórios estão configurados corretamente.

2. Falha em Triggers (Gatilhos)

- **Problema:** O trigger não está detectando novos eventos.
- **Solução:** Verifique as permissões de acesso ao aplicativo e valide os critérios do trigger.

3. Dados Incompatíveis entre Módulos

- **Problema:** Um módulo espera um formato de dados específico, mas recebe outro.
- **Solução:** Use módulos de **"Data Transformation"** para ajustar o formato dos dados antes de enviá-los.

4. Falhas Intermitentes

- **Problema:** O cenário falha apenas em algumas execuções.

- **Solução:** Verifique se há inconsistências nos dados de entrada (ex.: campos vazios ocasionais).

5. Uso Excessivo de Recursos

- **Problema:** O cenário ultrapassa os limites de execução ou uso de API.
- **Solução:** Programe execuções em horários estratégicos e reduza módulos desnecessários.

Dica Extra: Sempre faça pequenas alterações nos cenários e teste cada ajuste antes de ativar o fluxo permanentemente.

8.3 Como depurar cenários problemáticos

🔄 O que significa depurar um cenário?

Depurar significa **investigar e corrigir falhas em um fluxo de trabalho**. No **Make.com**, esse processo envolve analisar logs, ajustar módulos e testar diferentes configurações até que tudo funcione corretamente.

🛠 Etapas para Depurar Cenários no Make.com:

1. Identifique o Problema:

- Use os **logs** para identificar onde ocorreu a falha.
- Localize o módulo exato que não funcionou corretamente.

2. Valide os Dados de Entrada:

- Certifique-se de que os dados recebidos pelo módulo estão no formato correto.
- Adicione um módulo temporário para visualizar os dados antes de prosseguir.

3. Use Módulos de Teste:

- Adicione módulos intermediários para verificar dados (ex.: "Log" ou "Data Store").
- Isso ajuda a capturar informações antes que elas cheguem ao módulo problemático.

4. Teste Individualmente os Módulos:

- Use o botão **"Run Once"** para testar módulos específicos.
- Isso isola problemas sem executar todo o fluxo.

5. Ajuste Parâmetros:

- Corrija configurações incorretas no módulo problemático.
- Certifique-se de que os campos obrigatórios estão preenchidos.

6. Monitore a Execução Após os Ajustes:

- Execute o cenário novamente.
- Monitore os logs para garantir que os ajustes resolveram o problema.

Exemplo Prático:

- **Problema:** Dados de uma planilha não estão sendo transferidos corretamente para um CRM.
- **Etapas para depurar:**
  o Verificar se os dados estão sendo extraídos corretamente da planilha.
  o Validar se os campos correspondem aos requisitos do CRM.
  o Testar manualmente cada etapa para identificar onde ocorre a falha.

8.4 Boas práticas para manutenção de automações

Automatizar é apenas metade do caminho. Manter suas automações funcionando corretamente ao longo do tempo é igualmente importante. Aqui estão **boas práticas** essenciais para manter seus cenários no **Make.com**:

☑ **1. Revise Cenários Regularmente**

- Cenários podem se tornar obsoletos conforme aplicativos mudam APIs ou parâmetros.
- Faça revisões periódicas para garantir que tudo esteja atualizado.

☑ **2. Documente seus Cenários**

- Use anotações nos módulos para explicar o propósito de cada um.
- Mantenha um documento central com descrições dos principais cenários.

☑ 3. Monitore Execuções Recorrentes

- Verifique frequentemente os logs para identificar falhas antes que se tornem problemas críticos.
- Use alertas para falhas recorrentes.

☑ 4. Evite Cenários Excessivamente Complexos

- Divida automações muito grandes em cenários menores e independentes.
- Isso facilita a manutenção e o diagnóstico de erros.

☑ 5. Tenha Cópias de Segurança

- Faça backup dos cenários mais importantes.
- Isso evita perda de trabalho caso algo saia errado.

☑ 6. Teste Após Cada Alteração

- Sempre execute um teste completo após ajustar um cenário.
- Use o botão **"Run Once"** para validar pequenas alterações.

☑ 7. Fique Atento aos Limites da Plataforma

- Alguns aplicativos possuem limites diários de uso de API.
- Ajuste as execuções para não exceder esses limites.

8.5 Erro de Modelo Descontinuado no Make.com (Caso Real)

Ao trabalhar com automações no **Make.com**, é comum que algumas integrações dependam de **modelos de Inteligência**

Artificial (IA) fornecidos por terceiros. Um dos erros que pode surgir nesse contexto é a descontinuação de um modelo previamente utilizado em um cenário.

Exemplo Real

No dia **25 de janeiro de 2025**, um usuário recebeu um e-mail do **Make.com** informando que o cenário "Versículo do Dia" encontrou um erro. O problema estava relacionado à IA utilizada no fluxo, especificamente o modelo **"llama-3.1-70b-versatile"**, que foi desativado e não estava mais disponível para uso.

O erro reportado foi:

[400] invalid_request_error The model 'llama-3.1-70b-versatile' has been decommissioned and is no longer supported. Please refer to documentação oficial for a recommendation on which model to use instead.

Causa do Problema

Esse erro ocorre porque alguns modelos de IA são periodicamente descontinuados por seus provedores, como **OpenAI, Groq e Anthropic**, seja por atualização tecnológica ou substituição por versões mais eficientes.

Lista Atualizada de Modelos Suportados pelo Groq na data de escrituração deste livro

Atualmente, a Groq suporta os seguintes modelos em sua plataforma **GroqCloud**:

Modelos de Produção:
- distil-whisper-large-v3-en (HuggingFace)
- gemma2-9b-it (Google)
- llama-3.3-70b-versatile (Meta)
- llama-3.1-8b-instant (Meta)
- llama-guard-3-8b (Meta)
- llama3-70b-8192 (Meta)
- llama3-8b-8192 (Meta)
- mixtral-8x7b-32768 (Mistral)
- whisper-large-v3 (OpenAI)
- whisper-large-v3-turbo (OpenAI)

Modelos em Prévia:
- llama-3.3-70b-specdec (Meta)

- llama-3.2-1b-preview (Meta)
- llama-3.2-3b-preview (Meta)
- llama-3.2-11b-vision-preview (Meta)
- llama-3.2-90b-vision-preview (Meta)

Para obter a lista atualizada, consulte a documentação da Groq[3].

Solução Passo a Passo

1. **Verificar a Documentação Oficial**
   o Acesse a página de descontinuação de modelos e verifique quais são as opções recomendadas para substituição do modelo descontinuado.

2. **Atualizar o Cenário no Make.com**
   o Entre na sua conta do **Make.com**.
   o Acesse **Cenários > Versículo do Dia**.
   o Localize o módulo que está utilizando o modelo descontinuado (**"llama-3.1-70b-versatile"**).
   o Substitua o modelo pelo mais recente recomendado na documentação, neste caso (**"llama-3.3-70b-versatile"**).

3. **Testar a Nova Configuração**
   o Execute um teste manual para verificar se a IA retorna a resposta esperada.
   o Caso o novo modelo tenha diferenças na estrutura de entrada/saída, ajuste os módulos subsequentes para compatibilidade.

4. **Monitorar a Execução**
   o Verifique os logs das próximas execuções para garantir que o erro não se repita.
   o Se houver novos alertas, repita os passos anteriores para garantir que a automação esteja configurada corretamente.

Conclusão

A descontinuação de modelos de IA pode impactar diretamente os cenários do Make.com, mas com a aplicação das

---

[3] https://console.groq.com/docs/models?utm_source=chatgpt.com

melhores práticas de **monitoramento e substituição**, é possível manter a automação funcionando sem interrupção. Esse caso real exemplifica a importância de estar atento aos **logs de erro** e de sempre utilizar modelos suportados e atualizados.

8.6 Conclusão do Capítulo

Neste capítulo, você aprendeu:

- **Como usar os logs** para identificar problemas e diagnosticar falhas.
- Os **erros mais comuns** ao configurar cenários no Make.com.
- O processo de **depuração** para corrigir cenários problemáticos.
- As **boas práticas essenciais** para manter suas automações eficientes e funcionais.

Erros são inevitáveis, mas com as ferramentas e estratégias certas, você poderá **identificá-los rapidamente, resolvê-los com precisão e manter suas automações funcionando perfeitamente.**

No **Capítulo 9**, vamos comparar o **Make.com com outras ferramentas populares de automação**, mostrando onde ele brilha e quando outras opções podem ser mais adequadas.

Prepare-se para um comparativo prático e decisivo!

///make

CAPÍTULO 9: MAKE.COM VS OUTRAS FERRAMENTAS – ENTENDA AS DIFERENÇAS

9.1 Comparação com Zapier, Power Automate e outras ferramentas

No universo das automações, várias ferramentas disputam a atenção de empresas e usuários. Cada uma delas tem pontos fortes e fracos, e a escolha certa depende das necessidades específicas do projeto.

Make.com vs Zapier

Aspecto	Make.com	Zapier
Interface	Visual, modular, com linhas conectando módulos.	Simples, mais linear, sem fluxos visuais complexos.
Complexidade	Ideal para automações complexas com ramificações lógicas.	Melhor para automações lineares e simples.
Manipulação de Dados	Ferramentas avançadas para transformação de dados.	Manipulação limitada, exige complementos externos.
Escalabilidade	Suporta cenários robustos com múltiplas etapas e loops.	Adequado para automações de baixa a média complexidade.
Preço	Mais acessível para automações complexas.	Pode se tornar caro com cenários mais robustos.

🔑 Quando escolher cada um?

- **Make.com:** Projetos que exigem automações complexas com múltiplas condições e manipulação de dados avançada.
- **Zapier:** Cenários rápidos e simples, com uma curva de aprendizado menor.

🔄 Make.com vs Power Automate (Microsoft)

Aspecto	Make.com	Power Automate
Integração com Microsoft	Integração sólida, mas não nativa.	Totalmente integrado com ferramentas Microsoft (Excel, SharePoint, Teams).
Complexidade de Fluxos	Melhor para cenários complexos com ramificações e loops.	Boa estrutura, mas menos intuitiva para fluxos complexos.
Manipulação de Dados	Altamente flexível, suporta APIs externas com facilidade.	Manipulação limitada fora do ecossistema Microsoft.
Interface	Visual e intuitiva.	Interface robusta, mas menos amigável para iniciantes.
Custo	Mais competitivo para automações complexas.	Geralmente mais caro em projetos extensos.

🔑 Quando escolher cada um?

- **Make.com:** Quando a automação envolve múltiplos aplicativos fora do ecossistema Microsoft.
- **Power Automate:** Projetos altamente integrados com ferramentas Microsoft (ex.: SharePoint, Excel, Teams).

🔄 Make.com vs Integromat (versão antiga)

- **Make.com** é uma evolução direta do **Integromat**, com uma interface mais amigável, melhor desempenho e novos recursos de integração.
- Usuários que migraram do Integromat perceberam ganhos significativos em performance e flexibilidade.

Make.com vs n8n (Open Source)

Aspecto	Make.com	n8n
Código Aberto	Plataforma SaaS fechada.	Plataforma open-source, permite auto-hospedagem.
Facilidade de Uso	Interface visual amigável para iniciantes.	Mais técnico, exige conhecimento avançado.
Escalabilidade	Altamente escalável com suporte profissional.	Escalabilidade depende da infraestrutura do usuário.
Suporte	Suporte direto da equipe Make.com.	Suporte comunitário, menos estruturado.

Quando escolher cada um?

- **Make.com:** Quando você busca facilidade de uso, suporte oficial e uma solução escalável pronta para uso.
- **n8n:** Quando você precisa de uma solução open-source auto-hospedada com controle total sobre os fluxos.

Make.com vs Zapier vs n8n

Aspecto	Make.com	Zapier	n8n
Interface	Visual, modular, com linhas conectando módulos.	Simples, mais linear, sem fluxos visuais complexos.	Visual, mas menos intuitiva, voltada para usuários técnicos.
Complexidade	Ideal para automações complexas com ramificações lógicas.	Melhor para automações lineares e simples.	Excelente para fluxos altamente personalizados e avançados.
Manipulação de Dados	Ferramentas avançadas para transformação de dados.	Manipulação limitada, exige complementos externos.	Totalmente personalizável com scripts em JavaScript.
Escalabilidade	Suporta cenários robustos com múltiplas etapas e loops.	Adequado para automações de baixa a média complexidade.	Altamente escalável para fluxos personalizados e auto-hospedados.
Preço	Mais acessível para automações complexas.	Pode se tornar caro com cenários mais robustos.	Gratuito para auto-hospedagem; assinatura para uso em nuvem.

Essa tabela compara os principais aspectos das ferramentas, auxiliando o leitor a identificar qual delas melhor atende às suas necessidades.

9.2 Vantagens e desvantagens do Make.com

✅ Vantagens do Make.com

1. **Interface Visual Intuitiva:** A criação de fluxos é visual e lógica, com módulos bem organizados.
2. **Manipulação Avançada de Dados:** Transforme, filtre e formate dados com precisão.
3. **Escalabilidade Robusta:** Ideal para pequenos negócios e grandes corporações.
4. **Ampla Biblioteca de Integrações:** Suporte nativo para centenas de aplicativos populares.

5. **Flexibilidade com APIs:** Integra-se facilmente com APIs personalizadas.
6. **Custo-Benefício:** Oferece recursos avançados a preços competitivos.

✕ **Desvantagens do Make.com**

1. **Curva de Aprendizado Inicial:** Cenários complexos podem parecer intimidantes para iniciantes.
2. **Dependência de Conexão Estável:** A perda de conexão pode interromper fluxos em execução.
3. **Limites de Execução:** Planos mais básicos possuem limites de operações mensais.
4. **Menor Integração com Microsoft:** Não é tão integrado com o ecossistema Microsoft quanto o Power Automate.

Dica: Para usuários iniciantes, é importante começar com cenários simples antes de evoluir para fluxos mais complexos.

9.3 Quando usar o Make.com e quando optar por outra ferramenta

🔧 **Use o Make.com quando:**

- Você precisa de **cenários complexos com ramificações lógicas e condições avançadas**.
- Manipulação de dados é crítica para o sucesso da automação.
- É necessário integrar APIs personalizadas ou aplicativos fora do comum.
- Busca-se uma ferramenta com **custo-benefício mais atrativo** para cenários robustos.
- Você prefere uma **interface visual clara** que facilita a manutenção e o diagnóstico de problemas.

🔧 **Opte por outra ferramenta quando:**

- Seu ecossistema depende exclusivamente de ferramentas Microsoft → **Power Automate**.
- As automações são simples, lineares e sem transformação complexa de dados → **Zapier**.

- Você precisa de uma ferramenta open-source para hospedar internamente → **n8n**.
- Seu foco é apenas em automações de e-mails e tarefas básicas → **IFTTT**.

9.4 Conclusão do Capítulo

Neste capítulo, você aprendeu:

- Como o **Make.com se compara com outras ferramentas populares** como Zapier, Power Automate e n8n.
- As **vantagens e desvantagens do Make.com**, destacando seus principais diferenciais.
- Quando **escolher o Make.com** e quando considerar outras opções de automação.

Cada ferramenta tem seu lugar no ecossistema de automação, mas o **Make.com se destaca por sua flexibilidade, interface visual poderosa e capacidade de manipulação avançada de dados.**

No **Capítulo 10**, vamos explorar **como preparar suas automações para escalar com eficiência**, garantindo que elas cresçam junto com suas demandas.

Prepare-se para levar suas automações para o próximo nível!

�/// make

CAPÍTULO 10: PREPARE-SE PARA ESCALAR – AUTOMAÇÃO EM NÍVEL EMPRESARIAL

10.1 Como o Make.com se adapta a demandas maiores

À medida que uma empresa cresce, suas necessidades de automação também se tornam mais complexas. O **Make.com** foi projetado não apenas para lidar com automações simples, mas também para operar em **escala empresarial**, gerenciando fluxos complexos com eficiência e estabilidade.

🚀 **Por que o Make.com é ideal para grandes demandas?**

1. **Escalabilidade Modular:** É possível criar automações separadas que se complementam, reduzindo gargalos.
2. **Gerenciamento de Múltiplos Cenários:** Cenários podem ser organizados em pastas e subpastas, permitindo melhor governança.
3. **Execução Simultânea:** Vários cenários podem ser executados simultaneamente sem perda de desempenho.
4. **Integração com APIs Externas:** Capacidade de conectar e manipular APIs com alta frequência e precisão.
5. **Monitoramento em Tempo Real:** Logs detalhados permitem monitorar cada execução.
6. **Limites Flexíveis:** Planos de assinatura adaptáveis para

lidar com picos de demanda.

⚒ Estratégias para Escalar no Make.com:

- **Crie Cenários Específicos:** Em vez de um único fluxo gigantesco, divida automações complexas em vários cenários especializados.
- **Priorize Automação Crítica:** Cenários essenciais devem ter prioridade em execução e monitoramento.
- **Otimize Processos Recorrentes:** Automatize relatórios, notificações e validações de dados para reduzir o trabalho manual.

Exemplo Prático: Uma loja de e-commerce de grande porte pode usar o Make.com para:

1. Automatizar a atualização de estoque entre ERP e plataforma de vendas.
2. Enviar notificações de pedidos para o cliente.
3. Gerar relatórios diários de desempenho.
4. Criar alertas automáticos para problemas logísticos.

10.2 Cenários de automação complexa em empresas

Automatizações corporativas muitas vezes envolvem **múltiplos sistemas, usuários e regras de negócio complexas**. O **Make.com** se destaca por oferecer flexibilidade para lidar com esses desafios.

⚙ Caso de Uso 1: Automação de Processos Financeiros

- **Objetivo:** Automatizar o fluxo de contas a pagar e a receber.
- **Fluxo:**
    1. Integração com sistema de contabilidade (ex.: QuickBooks).
    2. Validação automática de faturas.
    3. Geração de notificações para pagamentos pendentes.
    4. Relatórios automáticos diários para o time financeiro.

⚙ **Caso de Uso 2: Gestão de Recursos Humanos**

- **Objetivo:** Automatizar o onboarding de novos funcionários.
- **Fluxo:**
  1. Gatilho: Novo funcionário cadastrado no sistema de RH.
  2. Ação: Criar contas de e-mail automaticamente.
  3. Ação: Adicionar ao grupo correto no Slack.
  4. Ação: Enviar um pacote de boas-vindas por e-mail.

⚙ **Caso de Uso 3: Integração entre Marketing e Vendas**

- **Objetivo:** Acompanhar e nutrir leads com eficiência.
- **Fluxo:**
  1. Gatilho: Novo lead capturado via formulário online.
  2. Ação: Adicionar lead ao CRM.
  3. Ação: Segmentar e enviar uma sequência de e-mails personalizados.
  4. Ação: Notificar a equipe de vendas no Slack sobre leads qualificados.

Dica Extra: Sempre documente cenários complexos para facilitar manutenção e expansão no futuro.

10.3 Integração com APIs personalizadas

Muitas vezes, as automações empresariais exigem integração com **sistemas internos proprietários ou APIs específicas**. O **Make.com** possui ferramentas robustas para lidar com essas demandas.

🔗 **O que é uma API e por que é importante?**

- **API (Interface de Programação de Aplicações):** Permite que diferentes sistemas se comuniquem.
- Exemplo: Uma API de um sistema de estoque pode fornecer dados sobre disponibilidade de produtos.

✳ **Como integrar APIs no Make.com:**

1. **Módulo HTTP:** Use esse módulo para enviar e receber dados de APIs externas.
2. **Autenticação:** Configure métodos de autenticação (ex.: Token, Basic Auth, OAuth).
3. **Parâmetros:** Defina os parâmetros necessários para cada chamada API.
4. **Manipulação de Respostas:** Use módulos de transformação para ajustar os dados recebidos.

⚙ **Exemplo Prático de Integração com API:**
- **Objetivo:** Extrair dados de um sistema de CRM personalizado.
- **Fluxo:**
    1. Módulo HTTP busca dados na API do CRM.
    2. Dados são transformados para o formato desejado.
    3. Módulo Google Sheets armazena as informações.
    4. Relatório semanal é gerado automaticamente.

Dica: Sempre consulte a documentação oficial da API que você está integrando.

10.4 A importância da governança na automação

Quando as automações crescem dentro de uma organização, a **governança** se torna essencial para garantir que tudo funcione de maneira eficiente, segura e transparente.

🛡 **O que é Governança na Automação?**
- Conjunto de **políticas, práticas e monitoramento** que garantem que as automações estão alinhadas com os objetivos da organização.
- Evita duplicação de esforços e conflitos entre cenários.

📋 **Boas Práticas de Governança no Make.com:**
1. **Documentação Detalhada:** Cada cenário deve ter uma descrição clara de seu objetivo e funcionamento.
2. **Acessos Controlados:** Use diferentes níveis de permissões para membros da equipe.
3. **Monitoramento Regular:** Audite execuções, logs e

erros com frequência.

4. **Backups e Versionamento:** Sempre tenha uma cópia dos cenários mais importantes.

5. **Responsabilidade Definida:** Cada cenário deve ter um responsável claro.

⚠ **Riscos de Não Ter Governança:**

- Cenários conflitantes.
- Dados sensíveis acessíveis por usuários não autorizados.
- Dificuldade em identificar e corrigir falhas.

Exemplo Prático:

- Um cenário de atualização de dados financeiros deve ser restrito apenas ao time financeiro, com alertas automáticos para alterações suspeitas.

10.5 Segurança na Automação: Boas Práticas e Proteção de Dados

A automação de processos pode transformar operações empresariais, reduzindo tempo e custos, mas sem uma abordagem segura, ela pode se tornar um ponto vulnerável para falhas, vazamentos de dados e violações de conformidade. Neste capítulo, exploramos os principais riscos e estratégias essenciais para manter fluxos de trabalho automatizados seguros, confiáveis e resilientes.

1. Riscos de Automações Mal Configuradas

As ferramentas de automação oferecem grande flexibilidade, permitindo que usuários criem fluxos complexos sem a necessidade de código. No entanto, a facilidade de uso pode levar a configurações incorretas que comprometem a integridade e segurança dos processos. Alguns dos riscos mais comuns incluem:

- **Execuções em loop infinito**: Uma condição mal definida pode levar um cenário a rodar indefinidamente, gerando sobrecarga de processamento e consumo excessivo de recursos.
- **Erros de lógica em ramificações**: Falhas na

configuração de condições podem permitir que dados sejam enviados para destinatários errados ou armazenados de forma inadequada.

- **Acesso não autorizado a fluxos de trabalho**: Se permissões não forem gerenciadas corretamente, usuários sem autorização podem modificar cenários críticos, causando falhas operacionais.

2. Proteção de Dados Sensíveis na Integração com APIs

O uso de APIs para conectar diferentes sistemas é uma das maiores vantagens do Make.com, mas essa integração também pode expor dados críticos caso medidas de segurança não sejam aplicadas corretamente. Para evitar riscos, recomenda-se:

- **Uso de autenticação segura**: Sempre utilize **tokens de acesso** ou **OAuth** em vez de senhas diretas na conexão com APIs externas.
- **Restrição de escopo nas permissões**: Configure APIs para fornecer apenas o mínimo de acesso necessário para cada automação, evitando exposição desnecessária de informações.
- **Criptografia de dados**: Sempre que possível, utilize criptografia para proteger informações sensíveis em trânsito e em repouso.
- **Monitoramento e auditoria**: Registre logs detalhados sobre o uso de APIs, garantindo que qualquer comportamento suspeito seja rapidamente identificado e corrigido.

3. Boas Práticas para Evitar Falhas e Vulnerabilidades

Para garantir que seus fluxos de automação sejam seguros e confiáveis, siga as seguintes boas práticas:

☑ Controle de Acessos e Permissões

Defina **diferentes níveis de acesso** para usuários dentro da plataforma Make.com, garantindo que apenas pessoas autorizadas possam modificar ou visualizar automações sensíveis.

☑ Testes e Validação de Fluxos

Antes de ativar uma automação em ambiente de produção,

realize **testes simulados** para verificar seu funcionamento e identificar possíveis falhas.

☑ **Redundância e Recuperação de Falhas** Implemente **mecanismos de fallback** para garantir que, em caso de falha de uma API ou serviço externo, a automação não interrompa processos críticos.

☑ **Atualizações Regulares** Fique atento às **novas versões e atualizações** do Make.com, garantindo que suas integrações estejam sempre compatíveis e seguras.

☑ **Monitoramento Contínuo** Utilize logs e métricas para acompanhar a performance das automações e detectar anomalias antes que se tornem problemas críticos.

10.6 Conclusão do Capítulo

Neste capítulo, você aprendeu:

- Como o **Make.com se adapta a demandas empresariais maiores** com flexibilidade e robustez.
- Exemplos práticos de **cenários complexos** usados por empresas reais.
- A importância das **integrações com APIs personalizadas** para atender necessidades específicas.
- A relevância da **governança na automação**, garantindo segurança, eficiência e escalabilidade.

Automatizar processos em larga escala requer não apenas ferramentas poderosas, mas também **estratégia, monitoramento e governança eficientes**.

No **Capítulo 11**, vamos explorar **as tendências futuras da automação com Make.com** e como você pode se preparar para o que está por vir.

Prepare-se para o futuro da automação!

///make

CAPÍTULO 11: O FUTURO DA AUTOMAÇÃO COM MAKE.COM

11.1 Tendências em automação de processos

O mundo da automação está em constante evolução, impulsionado pelo avanço de tecnologias como **Inteligência Artificial (IA), Machine Learning** e **Big Data**. O Make.com acompanha essa transformação, oferecendo uma plataforma flexível que se adapta às demandas do futuro.

⚙️ **Principais Tendências para Automação:**

1. **Automação Hiperpersonalizada:**
   - o Processos automatizados que se ajustam dinamicamente com base no comportamento dos usuários.
   - o Exemplo: Recomendações automáticas de produtos com base no histórico de compras.

2. **IA Integrada às Automações:**
   - o Modelos de IA processando dados em tempo real dentro de cenários automatizados.
   - o Exemplo: Análise automática de sentimentos em feedbacks de clientes.

3. **Automação Autônoma:**
   - o Cenários que tomam decisões com base em dados históricos sem intervenção humana.
   - o Exemplo: Ajuste automático de campanhas publicitárias conforme o desempenho.

4. **Low-Code e No-Code:**

- o Crescente adoção de plataformas que permitem automação avançada sem necessidade de programação.
- o Make.com é um dos principais exemplos dessa tendência.

5. **Integração com IoT (Internet das Coisas):**
   - o Automação conectando dispositivos físicos (ex.: sensores, câmeras).
   - o Exemplo: Um sensor detecta falha em uma máquina e automaticamente dispara uma notificação no Slack.

Dica: Acompanhe eventos e conferências sobre automação para manter-se atualizado sobre essas tendências.

11.2 O papel da Inteligência Artificial no Make.com

A **Inteligência Artificial (IA)** já está transformando a forma como interagimos com ferramentas de automação, e o **Make.com** está preparado para essa integração.

🤖 **Como a IA está sendo utilizada no Make.com:**

1. **Análise Preditiva:**
   - o A IA analisa padrões nos dados para prever falhas ou otimizar fluxos.
   - o Exemplo: Identificar quais campanhas de e-mail têm maior chance de sucesso.

2. **Assistentes Virtuais Inteligentes:**
   - o A IA pode interagir diretamente com cenários para ajustar parâmetros ou corrigir erros automaticamente.
   - o Exemplo: Um chatbot alimenta automaticamente um CRM com dados estruturados.

3. **Processamento de Linguagem Natural (NLP):**
   - o A IA pode processar informações não estruturadas, como e-mails ou documentos.
   - o Exemplo: Analisar respostas de clientes em uma pesquisa para determinar satisfação.

4. **Tomada de Decisão Automatizada:**
   o Algoritmos de IA podem escolher a melhor rota dentro de um cenário com base em dados em tempo real.
   o Exemplo: Decidir para qual agente de suporte enviar um ticket urgente.

☼ **Integração com APIs de IA:**

O Make.com permite integração com APIs de serviços de IA, como:

- **OpenAI (GPT)** – Para geração automática de textos e respostas.
- **Google AI** – Para análise preditiva.
- **IBM Watson** – Para processamento de linguagem natural.

Exemplo Prático:

Um cenário automatiza a análise de sentimentos de e-mails recebidos e os classifica automaticamente em positivo, neutro ou negativo.

Dica Extra: Experimente integrar APIs de IA aos seus cenários no Make.com para processos mais inteligentes.

11.3 Como se manter atualizado com novas funcionalidades

O **Make.com** está em constante evolução, com novas funcionalidades e melhorias sendo lançadas regularmente. Manter-se atualizado é essencial para aproveitar ao máximo a plataforma.

▦ **Dicas para Manter-se Atualizado:**

1. **Assine a Newsletter Oficial:**
   o Receba atualizações diretamente no seu e-mail sobre novas funcionalidades e casos de uso.
2. **Participe da Comunidade Make.com:**
   o Fóruns e grupos de usuários são ótimos para compartilhar conhecimento e tirar dúvidas.
3. **Acesse a Documentação Regularmente:**

- o A documentação oficial é constantemente atualizada com novos recursos.
4. **Faça Cursos e Tutoriais Online:**
   - o Plataformas como Udemy, Coursera e YouTube oferecem treinamentos práticos.
5. **Participe de Webinars e Eventos ao Vivo:**
   - o Muitas vezes, novidades são anunciadas nesses eventos.
6. **Teste Novos Recursos em Ambientes Seguros:**
   - o Antes de aplicar novas funcionalidades em cenários críticos, teste em um ambiente separado.

🌐 **Redes Oficiais do Make.com:**
- **Site Oficial:** Make.com
- **Comunidade:** Fóruns e grupos no Discord e Reddit.
- **Blog Oficial:** Artigos detalhados sobre novos recursos e casos de uso.

Dica: Reserve um tempo mensal para revisar novidades e ajustar seus cenários com base nas melhores práticas atuais.

11.4 Preparando-se para um mundo cada vez mais automatizado

A automação não é mais uma tendência — é uma **realidade inevitável**. Profissionais e empresas que dominam ferramentas como o **Make.com** estarão sempre à frente no mercado.

📋 **Como se preparar para o futuro automatizado:**
1. **Adote uma Cultura de Automação:**
   - o Incentive sua equipe a identificar processos que podem ser automatizados.
2. **Invista em Capacitação Contínua:**
   - o Cursos, certificações e treinamentos sobre ferramentas como o Make.com devem fazer parte do plano de desenvolvimento.
3. **Colaboração Humano-Máquina:**
   - o A automação deve ser vista como um aliado, não como uma ameaça.

o Profissionais devem focar em tarefas estratégicas enquanto as máquinas cuidam do operacional.

4. **Mantenha a Ética no Centro das Decisões:**
   o Ao automatizar, certifique-se de que os dados estão seguros e de que decisões automatizadas seguem padrões éticos.

5. **Prepare-se para Mudanças Constantes:**
   o A tecnologia evolui rapidamente. Seja flexível e aberto para aprender novas abordagens.

🎯 **Visão de Futuro com o Make.com:**

- Empresas totalmente automatizadas, com fluxos contínuos de dados entre sistemas.
- Integração total com IA para análise preditiva e otimização de processos.
- Ferramentas como o Make.com se tornarão essenciais para a produtividade e inovação.

Frase de Reflexão: *"Automação não é sobre substituir pessoas, mas sobre liberar seu potencial para focar no que realmente importa."*

11.5 Automação Inteligente: Explorando o Potencial da Inteligência Artificial Generativa

A Inteligência Artificial Generativa (IAG) está revolucionando a forma como interagimos com sistemas automatizados, permitindo não apenas a execução de tarefas pré-programadas, mas também **aprendizado contínuo, adaptação e resposta personalizada.** O **Make.com** já permite integração com modelos avançados, como **ChatGPT, Gemini, Claude e Groq**, mas é possível ir além, criando fluxos de automação que utilizam IA para aprimorar o atendimento ao cliente, personalizar respostas e automatizar tarefas cognitivas mais complexas.

Nesta seção, vamos explorar como **construir automações que aprendem e se adaptam**, além de apresentar casos práticos de uso de modelos de linguagem em fluxos automatizados.

1. Como Criar Automações com IA que Aprendem e se Adaptam?

A principal vantagem da IA Generativa é sua capacidade de processar informações, identificar padrões e gerar respostas **baseadas no contexto**. Diferente das automações tradicionais, que seguem regras fixas, a IA pode ser programada para **ajustar suas respostas** conforme novas informações são adicionadas ao fluxo.

Passos para Implementar IA Adaptativa no Make.com

✅ 1. Definir a Fonte de Dados e Contexto

- Antes de automatizar, é preciso escolher **onde a IA buscará informações**. Isso pode incluir bases de conhecimento em **Google Docs, Notion, APIs de CRM ou bancos de dados internos**.

✅ 2. Criar um Fluxo com Aprendizado Contínuo

- Utilizando **APIs de IA**, é possível criar um **loop de feedback** para que o modelo aprenda com as interações dos usuários.
- Exemplo: Após cada atendimento automatizado, o sistema pode armazenar perguntas frequentes e ajustar futuras respostas com base nessas interações.

✅ 3. Implementar Avaliação de Respostas e Ajustes Dinâmicos

- Modelos como ChatGPT podem ser treinados para **ajustar o tom da conversa** de acordo com o perfil do usuário.
- O Make.com pode ser configurado para **modificar respostas** com base em dados anteriores, tornando as interações cada vez mais personalizadas.

✅ 4. Automação Multicanal

- A integração de IA pode ser aplicada **simultaneamente** em múltiplos canais, como **e-mail, WhatsApp, Telegram e chatbots do site**.

2. Exemplos Práticos de Automação Utilizando

Modelos de Linguagem

✅ Atendimento ao Cliente com IA Generativa

💡 **Cenário:** Um chatbot de suporte ao cliente que responde perguntas comuns e escala problemas complexos para atendentes humanos.

◆ **Como funciona?**

- Um usuário entra em contato pelo WhatsApp solicitando informações sobre um serviço.
- O Make.com identifica o tipo de solicitação e aciona o **ChatGPT** para gerar uma resposta baseada nas perguntas mais frequentes.
- Se a dúvida for complexa, o fluxo cria automaticamente um ticket no **Zendesk ou Trello**, notificando um atendente humano.

✅ Resumo e Classificação Automática de Chamados

💡 **Cenário:** Resumo automático de interações e categorização de tickets.

◆ **Como funciona?**

- A IA analisa a conversa de um cliente com um chatbot e gera um resumo estruturado.
- O Make.com processa essa informação e a encaminha para um CRM, **classificando automaticamente a solicitação** (exemplo: "Problema técnico", "Reembolso", "Dúvida sobre produto").

✅ Automação de Respostas em E-mails e Redes Sociais

💡 **Cenário:** Uma empresa recebe **centenas de mensagens por dia** e precisa automatizar respostas.

◆ **Como funciona?**

- Quando um cliente envia uma pergunta via Instagram ou Facebook, o Make.com usa um **modelo de IA** para identificar o contexto da mensagem e gerar uma resposta personalizada.
- Se for uma solicitação de suporte, a IA pode sugerir soluções antes de transferir para um atendente humano.

11.6 Conclusão do Capítulo

Neste capítulo, você explorou:

- **Tendências emergentes na automação de processos.**
- **O papel transformador da Inteligência Artificial no Make.com.**
- **Como se manter atualizado com novas funcionalidades.**
- **Como se preparar para um mundo cada vez mais automatizado.**

A automação está remodelando o mundo do trabalho, e o **Make.com** está na linha de frente dessa revolução. Adaptar-se, aprender e inovar são ações essenciais para navegar nesse futuro.

No **Capítulo 12**, trataremos da **integração da Inteligência Artifical via API**, garantindo que você tenha todas as ferramentas para continuar sua jornada na automação.

Prepare-se para conectar, automatizar e transformar!

✏️ make

CAPÍTULO 12: INTEGRAÇÃO DE INTELIGÊNCIA ARTIFICIAL VIA API NO MAKE.COM

12.1 O Poder da IA Integrada ao Make.com

Nos últimos anos, a **Inteligência Artificial (IA)** se tornou uma ferramenta indispensável para empresas que buscam otimizar processos, oferecer melhores experiências ao cliente e tomar decisões mais assertivas. Com a integração de APIs de IA no **Make.com**, é possível criar cenários automatizados que não apenas executam tarefas, mas também **analisam, interpretam e respondem dinamicamente a situações complexas.**

🌐 **Como Funciona a Integração de APIs de IA no Make.com?**

1. **Solicitação (Request):** Dados são enviados do Make.com para a API de IA.
2. **Processamento:** A IA processa as informações recebidas.
3. **Resposta (Response):** A IA retorna os resultados para o Make.com.
4. **Ação:** O Make.com utiliza os resultados para tomar decisões ou realizar ações no fluxo de trabalho.

12.2 Principais APIs de IA e seus Usos no Make.com

🤖 OpenAI (ChatGPT)

- **Descrição:** A API do ChatGPT (GPT-4) da OpenAI é conhecida por sua capacidade de gerar textos contextuais, responder perguntas e realizar tarefas criativas.
- **Casos de Uso no Make.com:**
  - o Respostas automatizadas para clientes.
  - o Geração de conteúdo para e-mails e blogs.
  - o Análise de linguagem para detectar tom emocional.

Exemplo   **Prático:**
Cenário: Um cliente envia um e-mail solicitando informações sobre um produto.

1. O Make.com extrai o texto do e-mail.
2. A API do ChatGPT gera uma resposta personalizada.
3. O Make.com envia a resposta automaticamente para o cliente.

✳️ Google AI (Gemini)

- **Descrição:** Gemini, da Google AI, é poderosa para análises preditivas, processamento de linguagem natural e compreensão avançada de dados.
- **Casos de Uso no Make.com:**
  - o Análise de feedbacks de clientes.
  - o Previsão de tendências de vendas.
  - o Respostas automatizadas com base em dados complexos.

Exemplo   **Prático:**
Cenário: Relatórios de vendas são analisados semanalmente.

1. O Make.com extrai dados do Google Sheets.
2. A API do Gemini prevê tendências com base nos dados.
3. Um relatório é gerado e enviado automaticamente ao gerente de vendas.

📝 Claude (Anthropic)

- **Descrição:** Claude, desenvolvido pela **Anthropic**, é

focado em segurança, ética e processamento de linguagem avançada.

- **Casos de Uso no Make.com:**
  - ○ Resumos automáticos de documentos extensos.
  - ○ Respostas seguras e éticas em sistemas automatizados.
  - ○ Processamento de tickets de suporte.

Exemplo **Prático:**

Cenário: Resumo automático de contratos.

1. O Make.com extrai o texto de um documento PDF.
2. Claude gera um resumo conciso do contrato.
3. O resumo é enviado para revisão no Slack.

⚡ **Groq** *(A API gratuita disponível atualmente)*

- **Descrição:** Groq é uma plataforma de IA que oferece APIs rápidas e gratuitas para tarefas de processamento de linguagem natural.
- **Diferencial:** Atualmente, é a melhor API gratuita de IA que pode ser integrada diretamente ao Make.com.
- **Casos de Uso no Make.com:**
  - ○ Respostas automatizadas para perguntas frequentes.
  - ○ Classificação de tickets de suporte.
  - ○ Extração de informações específicas de textos.

Exemplo Prático:

Cenário: Resposta automatizada para suporte via e-mail.

1. O Make.com detecta um novo ticket de suporte.
2. A API do Groq gera uma resposta básica para perguntas comuns.
3. A resposta é enviada diretamente ao cliente.

Para obter uma chave de API do Groq, você pode seguir os seguintes passos:

1. **Crie uma conta no Groq Cloud:**
   - ○ Acesse console.groq.com[4] e registre-se.

---

[4] https://console.groq.com/keys

2. **Faça login na sua conta.**
3. **Navegue até a seção de chaves de API:**
   o No painel de controle, clique em "API Keys" ou "Chaves de API".
4. **Gere uma nova chave de API:**
   o Clique no botão "Create API Key" ou "Criar Chave de API".
   o Dê um nome descritivo para a chave, como "Minha Aplicação".
   o Após criar, copie a chave gerada e armazene-a em um local seguro, pois ela não será exibida novamente.

Para mais detalhes, você pode consultar o guia rápido disponível em <u>console.groq.com/docs/quickstart</u>[5].

🤝 **Outras APIs de IA com Integração via Make.com**
- **IBM Watson:** Especializado em análise de sentimentos e NLP avançado.
- **DeepAI:** Focado em geração de imagens com base em texto.
- **Hugging Face Transformers:** Modelos pré-treinados para tarefas específicas, como tradução e classificação de textos.
- **Stability AI (Stable Diffusion):** Geração de imagens automatizadas.

12.3 Estudo de Caso: Automação de Respostas Inteligentes para Atendimento ao Cliente

✂ **Cenário:** Automação de Respostas para Perguntas Frequentes

Objetivo: Automatizar respostas para perguntas frequentes

---

[5] https://console.groq.com/docs/quickstart

recebidas por e-mail, garantindo agilidade e consistência nas respostas.

Fluxo de Automação no Make.com:

1. **Gatilho:** Novo e-mail recebido no Gmail.
2. **Módulo de Extração:** O Make.com extrai o conteúdo do e-mail.
3. **Módulo HTTP:** O conteúdo é enviado para a API do **Groq** para análise.
4. **Módulo de Resposta:** A API gera uma resposta automatizada.
5. **Ação Final:** O Make.com envia a resposta diretamente ao cliente.

Benefícios:

- Redução no tempo de resposta.
- Atendimento consistente e eficiente.
- Economia de recursos humanos para tarefas repetitivas.

12.4 Passo a Passo: Integração de uma API de IA no Make.com

🛠️ **Exemplo Prático: Integração com ChatGPT (OpenAI)**

1. **Crie um Novo Cenário:**
   - o Clique em **"Create a new Scenario"** no painel principal.
2. **Adicione o Módulo HTTP:**
   - o Selecione **"HTTP"** no catálogo de módulos.
   - o Configure como **POST** para enviar dados à API.
3. **Insira a URL da API:**
   - o Use o endpoint da API da OpenAI (ex.: https://api.openai.com/v1/chat/completions).
4. **Autenticação:**
   - o Adicione o token da API no campo de autenticação.
5. **Defina Parâmetros:**

```
json
```

```
{
  "model": "gpt-4",
  "messages": [
    {"role": "user", "content": "Gere uma resposta
para esta pergunta: {pergunta}"}
  ]
}
```

6. **Teste o Módulo:**
   - o Clique em **"Run Once"** para garantir que tudo está funcionando.
7. **Adicione Módulos Finais:**
   - o Use módulos adicionais para enviar as respostas por e-mail, Slack ou outro sistema.
8. **Ative o Cenário:**
   - o Programe o fluxo para rodar automaticamente sempre que um novo e-mail for recebido.

12.5 Conclusão do Capítulo

A integração de **APIs de IA no Make.com** amplia as possibilidades de automação, permitindo que cenários se tornem **mais inteligentes, dinâmicos e eficientes**. Seja com **ChatGPT, Gemini, Claude, Groq** ou qualquer outra IA, a combinação de processamento automatizado com inteligência contextual abre portas para uma nova era de automação.

Com este capítulo, você agora tem o conhecimento necessário para integrar IAs avançadas em seus fluxos de trabalho, personalizando-os de acordo com suas necessidades.

A Inteligência Artificial não é mais o futuro — é o presente. E o Make.com é o veículo que permitirá que você aproveite ao máximo esse potencial.

No **Capítulo 13**, encerraremos com um **guia de recursos adicionais e comunidade Make.com**, garantindo que você tenha todas as ferramentas para continuar sua jornada na automação.

///make

CAPÍTULO 13: GUIA DE RECURSOS ADICIONAIS E COMUNIDADE MAKE.COM

13.1 Tutoriais e Documentação Oficial

A jornada com o **Make.com** não termina após criar seus primeiros cenários ou até mesmo após dominar automações complexas. A plataforma está sempre evoluindo, e manter-se atualizado é essencial para aproveitar todas as suas capacidades.

📄 **Documentação Oficial do Make.com**

- A documentação oficial é o **recurso mais completo para explorar todas as funcionalidades da plataforma.**
- Inclui guias detalhados, exemplos de cenários prontos, instruções passo a passo e explicações técnicas.
- Acesse a documentação oficial em: Make Documentation.[6]

🎓 **Tutoriais Online**

Além da documentação, existem vários tutoriais práticos criados pela própria equipe do Make.com e pela comunidade:

1. **Canal do YouTube do Make.com:** Vídeos explicativos para iniciantes e usuários avançados.
2. **Make Academy:** Uma plataforma de aprendizado dedicada com cursos estruturados.

---

[6] https://www.make.com/en/help/app/make

3. **Artigos no Blog do Make.com:** Guias de boas práticas, exemplos reais de automação e estudos de caso.

⚒ Recursos Úteis na Documentação:

- **API Reference:** Para usuários que desejam integrar com APIs personalizadas.
- **Templates Prontos:** Modelos de cenários que podem ser duplicados e ajustados.
- **Perguntas Frequentes (FAQ):** Soluções para problemas comuns enfrentados por novos usuários.

Dica Extra: Salve seus tutoriais favoritos e documentações mais usadas em favoritos para acesso rápido durante a criação de cenários.

13.2 Fóruns e Comunidades para usuários do Make.com

As comunidades são essenciais para aprender, solucionar dúvidas e trocar experiências com outros usuários. O Make.com possui uma comunidade global ativa, cheia de profissionais e entusiastas dispostos a ajudar.

🌐 Fóruns Oficiais do Make.com:

1. **Fórum Oficial Make.com:** Espaço dedicado para perguntas e discussões sobre cenários, módulos e integrações.
   - Acesse: Make Community Forum[7]
2. **Grupos no Reddit:** Subreddits voltados para automação e integração com Make.com.
3. **Comunidades no Discord:** Alguns grupos privados oferecem suporte em tempo real.

🤝 Benefícios de Participar da Comunidade:

- **Tirar Dúvidas Rápidas:** Usuários experientes frequentemente respondem dúvidas técnicas.
- **Compartilhar Cenários:** Encontre e compartilhe

---

[7] https://community.make.com/

cenários prontos que podem ser reutilizados.

- **Ficar Atualizado:** Novos recursos e atualizações são frequentemente discutidos.
- **Networking:** Construa conexões com outros profissionais de automação.

Dica: Participe ativamente! Faça perguntas, compartilhe seus cenários e ajude outros usuários. O aprendizado colaborativo é um dos maiores valores das comunidades.

13.3 Dicas para continuar aprendendo

O universo da automação nunca para de evoluir. Aprender continuamente é essencial para se manter competitivo e dominar o **Make.com.**

🎓 **Estratégias para Aprendizado Contínuo:**
1. **Estabeleça um Tempo Regular para Aprendizado:**
   o Dedique algumas horas por mês para revisar novos recursos e documentações.
2. **Teste Novas Funcionalidades:**
   o Sempre que uma nova funcionalidade for lançada, crie um cenário de teste para explorá-la.
3. **Participe de Webinars e Eventos:**
   o O Make.com frequentemente organiza webinars com demonstrações práticas.
4. **Desafie-se com Cenários Complexos:**
   o Crie automações que desafiem seu conhecimento atual.
5. **Acompanhe Influenciadores e Especialistas:**
   o Alguns criadores de conteúdo compartilham dicas e truques avançados regularmente.
6. **Obtenha Certificações:**
   o Faça cursos certificados oferecidos pela Make Academy para validar suas habilidades.

Dica Prática: Mantenha um diário de automações, registrando cada novo cenário criado, desafios enfrentados e soluções encontradas.

13.4 Encerramento com um convite para explorar mais!

Chegamos ao fim desta jornada pelo universo do **Make.com**. Desde os primeiros conceitos básicos até as automações empresariais complexas, você agora possui uma compreensão sólida de como essa ferramenta pode **transformar processos manuais em fluxos automatizados eficientes**.

🚀 **Um Futuro Automatizado ao Seu Alcance**

- **Automatize para Economizar Tempo:** Deixe o Make.com cuidar das tarefas repetitivas enquanto você se concentra no que realmente importa.
- **Inove sem Limites:** Crie cenários complexos, integre APIs personalizadas e transforme dados brutos em informações valiosas.
- **Faça Parte de Algo Maior:** Junte-se à comunidade global, compartilhe conhecimento e continue crescendo.

🎯 **Seu Próximo Passo:**

1. **Crie um novo cenário do zero hoje mesmo.**
2. **Participe de um fórum ou comunidade online.**
3. **Ensine alguém a criar sua primeira automação.**

Palavras Finais:

A automação não é apenas uma ferramenta — é uma **mentalidade**. Com o **Make.com**, você tem nas mãos uma solução poderosa para otimizar processos, inovar e preparar-se para um futuro cada vez mais digital.

O universo da automação está apenas começando. Explore, conecte, automatize. O futuro é agora! 🚀

🔗 **Recursos Finais:**

- **Site Oficial:** Make.com[8]
- **Documentação:** Make Documentation[9]

---

[8] https://www.make.com/en

- **Comunidade:** Make Community Forum[10]
- **Make Academy:** Make Academy[11]

Obrigado por embarcar nesta jornada. Nos vemos no próximo fluxo automatizado!

---

[9] https://www.make.com/en/help/app/make

[10] https://community.make.com/

[11] https://academy.make.com/

///make

CONCLUSÃO

Chegamos ao final desta jornada pelo universo do **Make.com**, uma ferramenta poderosa que não apenas conecta sistemas, mas também transforma a maneira como trabalhamos, otimizamos processos e alcançamos resultados. Desde os conceitos básicos até as automações mais complexas, exploramos juntos as **possibilidades ilimitadas** que essa plataforma oferece.

O que aprendemos nesta jornada?

- Compreendemos a **importância da automação no mundo moderno** e como o Make.com se destaca nesse cenário.

- Aprendemos a **criar cenários, manipular dados**, e **integrar múltiplos aplicativos** para otimizar fluxos de trabalho.

- Dominamos técnicas para **evitar erros comuns**, **depurar cenários problemáticos** e garantir que nossas automações sejam eficientes e confiáveis.

- Exploramos **exemplos práticos** de automação em áreas como marketing, atendimento ao cliente, gestão de projetos e e-commerce.

- Entendemos a **importância da governança** na automação, especialmente em ambientes empresariais escaláveis.

- Olhamos para o **futuro da automação**, com destaque para a integração com **Inteligência Artificial** e outras tendências tecnológicas.

Automação: Mais que uma Ferramenta, uma

Mentalidade

Automatizar processos não é apenas uma questão de usar ferramentas modernas; é uma **mentalidade de eficiência, inovação e transformação contínua.** Ferramentas como o Make.com não substituem pessoas, mas as libertam de tarefas repetitivas, permitindo que se concentrem no que realmente importa: **a criatividade, o pensamento estratégico e a tomada de decisões importantes.**

🔧 O Próximo Passo é Seu

A automação não é um destino final — é um **processo contínuo de aprendizado, adaptação e melhoria.** O Make.com oferece uma plataforma robusta, mas são suas ideias, sua curiosidade e sua vontade de inovar que determinarão o impacto que você pode alcançar.

- **Comece pequeno, mas sonhe grande.**
- **Experimente, teste e ajuste.**
- **Participe da comunidade, compartilhe conhecimento e inspire outros.**

🌐 Um Convite para o Futuro Automatizado

O mundo está em constante evolução, e aqueles que abraçam a automação terão uma vantagem significativa. Seja você um profissional, um empresário ou alguém curioso por tecnologia, o **Make.com é mais do que uma ferramenta — é um parceiro na sua jornada rumo a um futuro mais inteligente e eficiente.**

A transformação começa com um único cenário. Qual será o seu primeiro passo hoje?

Obrigado por embarcar nesta jornada. Agora, o mundo da automação está em suas mãos. Vá em frente, conecte, automatize e transforme!

make

EPÍLOGO: O AMANHÃ DA AUTOMAÇÃO – PRÓXIMOS 10 E 20 ANOS

🌀 Os Próximos 10 Anos: A Era da Automação Inteligente

Os próximos **10 anos** serão marcados por uma automação cada vez mais integrada à nossa rotina. Ferramentas como o **Make.com** deixarão de ser simples auxiliares operacionais para se tornarem **elementos centrais na tomada de decisões estratégicas das empresas.**

🚀 **O que esperar na próxima década?**

1. **Automação Autônoma e Adaptativa:**
   o Cenários que ajustam suas próprias regras com base em aprendizado contínuo.
   o Ferramentas como o **Make.com** irão detectar falhas, ajustar processos automaticamente e até sugerir melhorias.

2. **IA Integrada a Nível de Núcleo:**
   o APIs de Inteligência Artificial como **ChatGPT, Gemini, Claude e Groq** estarão totalmente integradas a sistemas de automação.
   o Respostas automatizadas se tornarão indistinguíveis das geradas por humanos.

3. **Interfaces de Usuário Mais Intuitivas:**
   o Ferramentas no-code e low-code permitirão que

qualquer pessoa, independente do nível técnico, automatize processos complexos.

4. **Governança Automatizada:**
   o Sistemas automatizados terão suas próprias camadas de governança, garantindo segurança, ética e transparência nas operações.

5. **Integração com o Mundo Físico:**
   o A automação irá além do digital, conectando-se com dispositivos IoT (Internet das Coisas) para gerenciar ambientes físicos, como escritórios inteligentes e armazéns automatizados.

Impacto no Mundo Empresarial:

- A automação deixará de ser um diferencial competitivo para se tornar **obrigatória para sobrevivência no mercado**.
- Pequenas e médias empresas terão acesso democratizado às mesmas ferramentas poderosas usadas por grandes corporações.
- A colaboração entre humanos e IA será mais harmônica, com cada parte focando em suas forças naturais.

Os Próximos 20 Anos: A Automação como Pilar da Sociedade Digital

Ao projetarmos os **próximos 20 anos**, entramos em um território onde a automação não será apenas uma ferramenta de produtividade, mas **uma infraestrutura invisível que sustentará grande parte das operações globais**.

O que veremos em duas décadas?

1. **Automação Onipresente:**
   o Cada aspecto da sociedade, desde transações financeiras até agricultura, será amplamente automatizado.
   o Sistemas integrados de automação estarão presentes em casas, escolas, hospitais e até governos.

2. **IA Generativa em Tempo Real:**
   - o IAs altamente evoluídas tomarão decisões complexas em tempo real, analisando variáveis impossíveis para a mente humana.
   - o O Make.com poderá operar cenários preditivos e ajustáveis automaticamente com precisão cirúrgica.
3. **Economia Baseada em Automação:**
   - o A produtividade deixará de depender exclusivamente do esforço humano.
   - o Negócios inteiros poderão ser gerenciados por sistemas automatizados com intervenção mínima.
4. **Educação Automatizada:**
   - o Ferramentas como Make.com serão usadas para personalizar o aprendizado de cada aluno com base em análises de desempenho em tempo real.
   - o Sistemas educacionais serão conectados globalmente, criando um fluxo constante de conhecimento.
5. **Ética e Regulação Global:**
   - o À medida que a automação se torna essencial, questões sobre **ética, privacidade e direitos digitais** se tornarão mais críticas.
   - o Haverá regulamentações globais para o uso responsável de automações e IA.

O Papel do Make.com no Futuro

O **Make.com** não será apenas uma ferramenta de automação — será uma **plataforma central para a construção de ecossistemas digitais interconectados**. Ele poderá:

- **Gerenciar Redes Globais de Dados:** Sincronizar informações entre bilhões de dispositivos.
- **Tomar Decisões Estratégicas Automatizadas:** Com base em dados preditivos e análises de IA.
- **Promover Equidade Digital:** Democratizando o acesso às tecnologias avançadas de automação.

A integração com APIs de IA, como **ChatGPT, Gemini, Claude e Groq**, se tornará mais profunda, permitindo que automações sejam não apenas lógicas, mas também **emocionalmente inteligentes e eticamente alinhadas.**

🎯 Reflexão Final: O Amanhã é Agora

A automação não é uma visão distante do futuro; ela já está aqui, moldando o presente e preparando o terreno para as próximas décadas. Ferramentas como o **Make.com** não são apenas linhas de código conectando módulos — **são pontes que unem potencial humano com capacidade computacional ilimitada.**

🚀 Seu Papel na Jornada:

- **Seja Curioso:** Nunca pare de explorar as possibilidades do Make.com.
- **Adapte-se ao Novo:** A tecnologia evolui rapidamente; esteja pronto para aprender e reaprender.
- **Pense Grande:** Cenários simples são o ponto de partida, mas o horizonte é infinito.

O futuro pertence àqueles que entendem que automação não é sobre substituir pessoas, mas sobre amplificar nosso potencial.

E você, leitor, tem agora o conhecimento necessário para ser **um pioneiro na era da automação.** Cada cenário criado, cada fluxo otimizado e cada integração realizada é um passo em direção a um futuro mais conectado, inteligente e humano.

Prepare-se, ajuste seus módulos e clique em "Run Once". O futuro começa agora.

REFERÊNCIAS

1. **BRYNJOLFSSON, Erik; MCAFEE, Andrew.** The second machine age: work, progress, and prosperity in a time of brilliant technologies. New York: W. W. Norton & Company, 2014.[12]
2. **ConnectThink.** Primeiros passos no Integromat. *YouTube*, 2020. Disponível em: YouTube[13]. Acesso em: 3 jan. 2025.
3.
4. **DAVENPORT, Thomas H.; KIRBY, Julia.** Only humans need apply: winners and losers in the age of smart machines. New York: Harper Business, 2016.[14]
5. **Make Community.** Make.com Automation Tutorial for Beginners: Step-by-Step Guide. *Make Community*, 2024.

---

[12] "The Second Machine Age" (A Segunda Era das Máquinas) de Brynjolfsson e McAfee (2014) é uma obra seminal que explora o impacto das tecnologias digitais no trabalho, progresso e prosperidade. O livro argumenta que estamos entrando em uma segunda era das máquinas caracterizada pela automação de tarefas cognitivas.

[13] https://www.youtube.com/watch?v=Yz12czGh-lk

[14] "Only Humans Need Apply" (Apenas Humanos Precisam se Candidatar) de Davenport e Kirby (2016) reformula a conversa sobre automação, focando na colaboração humano-máquina em vez de competição. Os autores propõem o aumento (augmentation) como uma estratégia chave para utilizar a tecnologia para aprimorar as capacidades humanas.

Disponível em: Make Community[15]. Acesso em: 3 jan. 2025.

6. **Max van Collenburg.** Integromat Tutorial for Beginners 2022. *YouTube*, 2021. Disponível em: YouTube[16]. Acesso em: 3 jan. 2025.

7. **NoCode.tech.** Tutorial sem código [2023]: Introdução ao Integromat. *NoCode.tech*, 2023. Disponível em: NoCode Tech[17]. Acesso em: 3 jan. 2025.

8. **ProcessDriven.** Integromat Tutorial for Beginners: Build Scenarios EASILY. *ProcessDriven*, 2020. Disponível em: Process Driven[18]. Acesso em: 3 jan. 2025.

9. **XRay Automation.** Beginner's Guide to Make (Integromat). *YouTube*, 2022. Disponível em: YouTube[19]. Acesso em: 3 jan. 2025.

10. **XRay.Tech.** How to Use Functions in Make (Formerly Integromat). *XRay.Tech*, 2023. Disponível em: Xray[20]. Acesso em: 3 jan. 2025.

11. **Weblytica, LLC.** Make (Integromat) Tutorial for Beginners. *Weblytica*, 2023. Disponível em: Weblytica[21]. Acesso em: 3 jan. 2025

12. **WESTERMAN, George; BONNET, Didier; MCAFEE, Andrew**. Leading digital: turning technology

---

[15] https://community.make.com/t/make-com-automation-tutorial-for-beginners-step-by-step-guide/55299

[16] https://www.youtube.com/watch?v=zMbkGn3sLm8

[17] https://www.nocode.tech/br/tutorials/introduction-to-integromat

[18] https://processdriven.co/workflows/b-workflows/integromat-tutorial-for-beginners-build-scenarios-easily/

[19] https://www.youtube.com/watch?v=SwLIGp07iOI

[20] https://www.xray.tech/post/functions-in-make-integromat

[21] https://weblytica.com/make-com/make-integromat-tutorial-for-beginners/

into business transformation. Boston: Harvard Business Review Press, 2014.[22]

---

[22] "Leading Digital" (Liderando o Digital) de Westerman, Bonnet e McAfee (2014) é baseado em um estudo de mais de 400 empresas globais e fornece insights sobre como as empresas tradicionais podem usar as tecnologias digitais para vantagem estratégica. O livro oferece uma estrutura para uma transformação digital bem-sucedida em grandes organizações.

/// make

GLOSSÁRIO DE TERMOS

Automação
Definição: Processo de realizar tarefas repetitivas e estruturadas por meio de ferramentas tecnológicas, reduzindo a intervenção humana.
Exemplo: Enviar automaticamente um e-mail de boas-vindas após um cadastro.

API (Application Programming Interface)
Definição: Conjunto de regras e protocolos que permite que diferentes sistemas e aplicativos se comuniquem entre si.
Exemplo: O Make.com usa APIs para conectar-se ao Gmail, Google Sheets ou OpenAI.

Inteligência Artificial (IA)
Definição: Área da ciência da computação que desenvolve sistemas capazes de simular inteligência humana, incluindo aprendizado, raciocínio e adaptação.
Exemplo: Usar ChatGPT via API no Make.com para gerar respostas automáticas personalizadas.

Cenário (Scenario)
Definição: Um fluxo de trabalho automatizado no Make.com, composto por módulos interconectados para realizar tarefas específicas.
Exemplo: Um cenário que extrai informações de um formulário e as adiciona automaticamente a uma planilha.

Ramificação Lógica (Router)

Definição: Um recurso no Make.com que permite criar múltiplos caminhos dentro de um cenário, com base em condições específicas.

Exemplo: Se o cliente seleciona "Financeiro", o ticket vai para o departamento financeiro; se seleciona "Suporte Técnico", vai para o suporte.

Dados Estruturados

Definição: Informações organizadas em um formato específico, como tabelas ou JSON, que facilitam seu processamento automatizado.

Exemplo: Uma lista de nomes e e-mails organizados em colunas no Google Sheets.

Dados Não Estruturados

Definição: Informações armazenadas em formatos livres, como textos, vídeos ou imagens, que não seguem uma estrutura padronizada.

Exemplo: O conteúdo de um e-mail ou uma publicação em redes sociais.

Trigger (Gatilho)

Definição: Evento que inicia automaticamente um fluxo de automação no Make.com.

Exemplo: Quando um novo e-mail chega na caixa de entrada, um cenário é ativado.

Módulo

Definição: Um componente dentro de um cenário no Make.com que realiza uma tarefa específica, como enviar um e-mail, filtrar dados ou conectar APIs.

Exemplo: Um módulo "Send Email" envia automaticamente mensagens após a validação de dados.

Parâmetro

Definição: Valores específicos usados para configurar módulos ou APIs, determinando como eles devem operar.
Exemplo: O parâmetro email_subject define o assunto de um e-mail no módulo de envio.

Data Store (Armazenamento de Dados)

Definição: Recurso no Make.com para armazenar temporariamente informações durante a execução de um cenário.
Exemplo: Salvar informações de pedidos antes de enviá-las ao CRM.

Autenticação

Definição: Processo que garante que um sistema ou usuário tem permissão para acessar uma API ou aplicativo.
Exemplo: Usar um token de acesso para conectar o Make.com ao Gmail.

Integração

Definição: Conexão entre diferentes sistemas, aplicativos ou APIs para compartilhar dados e realizar tarefas automatizadas.
Exemplo: Integrar o Trello ao Slack para criar notificações automáticas de novas tarefas.

Machine Learning (Aprendizado de Máquina)

Definição: Subárea da Inteligência Artificial que permite que sistemas aprendam e melhorem com a experiência, sem programação explícita.
Exemplo: Um sistema de IA analisa os padrões de vendas e prevê tendências futuras.

Agendamento (Scheduling)

Definição: Configuração de cenários para serem executados em intervalos regulares ou horários específicos. **Exemplo:** Executar um cenário diariamente às 8h para gerar um relatório de vendas.

⚠ Logs
Definição: Registros detalhados das ações executadas dentro de um cenário, usados para monitoramento e depuração de erros.
Exemplo: Verificar logs para entender por que um módulo falhou durante a execução.

🔄 Loop (Laço de Repetição)
Definição: Um recurso que permite executar a mesma tarefa várias vezes, com dados diferentes.
Exemplo: Enviar um e-mail individual para cada contato em uma lista.

🔒 Governança de Automação
Definição: Conjunto de políticas e práticas que garantem a segurança, transparência e eficiência nos processos automatizados.
Exemplo: Restringir o acesso a cenários críticos apenas para administradores.

📈 Escalabilidade
Definição: Capacidade de um sistema ou cenário automatizado crescer e lidar com volumes maiores de dados e processos sem perda de desempenho.
Exemplo: Um cenário no Make.com gerencia 100 pedidos por dia, mas pode ser ajustado para gerenciar 1.000.

🔗 Endpoint
Definição: URL específica fornecida por uma API para acessar uma funcionalidade ou recurso.
Exemplo: Um endpoint de API para buscar informações de

um usuário específico.

Depuração (Debugging)

Definição: Processo de identificar e corrigir erros em um cenário automatizado.
Exemplo: Usar logs e execuções parciais para descobrir onde um módulo falhou.

No-Code/Low-Code

Definição: Abordagem que permite criar automações ou aplicativos com pouco ou nenhum código, usando interfaces visuais intuitivas.
Exemplo: Criar cenários no Make.com arrastando e soltando módulos.

NLP (Processamento de Linguagem Natural)

Definição: Subárea da IA que permite a máquinas compreenderem e responderem à linguagem humana.
Exemplo: Analisar e-mails recebidos para detectar se o cliente está satisfeito ou frustrado.

Automação Preditiva

Definição: Uso de IA para prever resultados futuros com base em dados históricos.
Exemplo: Prever quais clientes têm maior probabilidade de cancelar uma assinatura.

Chatbot

Definição: Programa automatizado que simula conversas humanas, geralmente integrado a APIs de IA.
Exemplo: Um chatbot automatizado por API do ChatGPT no Make.com para responder dúvidas de clientes.

Este **Glossário** serve como um guia de referência rápida para facilitar o entendimento e uso dos conceitos apresentados ao longo deste livro. Cada termo aqui definido reflete a importância da automação inteligente e como o **Make.com** pode ser uma ferramenta transformadora no universo das integrações digitais.

Agora você está pronto para conectar, automatizar e transformar!

⫻ make

FAQ – PERGUNTAS FREQUENTES

1. Sobre o Livro
O que este livro aborda?
Este livro é um guia completo sobre o Make.com, abordando desde conceitos básicos até automações avançadas, incluindo integração com IA e boas práticas empresariais.
Para quem este livro é indicado?
O livro é indicado para iniciantes, especialistas em TI, empreendedores e empresas que desejam melhorar sua eficiência por meio da automação inteligente.
2. Sobre o Make.com
O que é o Make.com?
O Make.com é uma plataforma de automação visual que permite conectar aplicativos, manipular dados e criar fluxos de trabalho automatizados sem a necessidade de programação.
Qual a diferença entre Make.com e Zapier?
O Make.com oferece mais flexibilidade, suporte a fluxos de trabalho complexos e manipulação avançada de dados, enquanto o Zapier é mais indicado para automações simples.
O Make.com é gratuito?
O Make.com possui um plano gratuito, mas algumas funcionalidades avançadas estão disponíveis apenas nos planos pagos.
3. Integrações e Funcionalidades
Quais aplicações posso conectar ao Make.com?
O Make.com suporta integração com milhares de aplicativos, incluindo Google Sheets, Trello, Gmail, WhatsApp, APIs de IA

e muito mais.

O Make.com pode ser usado para automação de marketing?

Sim! O livro ensina como automatizar fluxos de leads, campanhas de e-mail marketing e integração com CRMs.

É possível usar inteligência artificial no Make.com?

Sim, o livro explica como integrar APIs de IA, como ChatGPT, Gemini e Claude, para automação inteligente.

4. Aprendizado e Suporte

O livro ensina passo a passo como criar automações?

Sim! O livro traz um guia prático, com exemplos, estudos de caso e soluções para erros comuns.

Existe alguma comunidade ou suporte para usuários do Make.com?

Sim! O Make.com tem uma comunidade ativa, fóruns de suporte e a Make Academy, que oferece cursos gratuitos.

5. Sobre os Autores

Quem é Jair Lima?

Jair Lima é escritor e especialista em automação, com vasta experiência em tecnologia e inovação.

Quem é Jacson Mallmann?

Dr. Jackson Mallmann é coautor desta obra, trazendo sua expertise e contribuições valiosas para o desenvolvimento do conteúdo, unindo conhecimento técnico e prática em automação.

O livro tem certificação oficial do Make.com?

Não, mas ele serve como um guia confiável para aprender e aplicar a automação no Make.com.

6. Dúvidas Frequentes dos Usuários

Como posso solicitar a integração de um aplicativo que não está listado no Make.com?

Se você não encontrar o aplicativo desejado na lista de integrações do Make.com, pode sugerir sua inclusão. Usuários avançados também podem utilizar os aplicativos HTTP e JSON para se conectar a quase todos os serviços.

O que é um "cenário" no Make.com?

Um cenário define uma sequência de etapas a serem executadas pelo Make.com. Nele, você especifica a fonte de dados, como os dados devem ser processados e quais ações serão realizadas.

O Make.com pode trabalhar com arquivos?

Sim, o Make.com permite receber, salvar, transformar, converter e criptografar arquivos, entre outras funcionalidades.

O que são "gatilhos instantâneos" no Make.com?

Gatilhos instantâneos, ou webhooks, iniciam seu cenário imediatamente após receberem dados de um determinado serviço, sem esperar pela próxima execução programada.

Como o Make.com conta as operações e a transferência de dados?

Uma operação é qualquer tarefa executada por um módulo. A transferência de dados refere-se à quantidade de dados transferidos por meio do seu cenário. Ambos os conceitos são importantes para entender os limites do seu plano no Make.com.

∭ make

OUTRAS OBRAS[23]

Proteção do Consumidor contra o Phishing no uso do Internet Banking[24]

De **Jair Lima, Ezequiel Costa e Jackson Mallmann:**

---

[23] https://clubedeautores.com.br/livros/autores/jair-da-silva-lima

[24] https://clubedeautores.com.br/livro/protecao-do-consumidor-contra-o-phishing-no-uso-do-internet-banking

O livro **"Proteção do Consumidor contra o Phishing no uso do Internet Banking"** é uma leitura essencial para qualquer pessoa interessada em segurança digital. Com uma abordagem clara e objetiva, os autores exploram a crescente ameaça do phishing bancário, explicando como essa prática criminosa afeta consumidores e instituições financeiras. Além de apresentar um panorama das fraudes, a obra se destaca ao oferecer soluções práticas e recomendações eficazes para mitigar os riscos. O embasamento teórico é sólido, respaldado por estatísticas e estudos de caso, tornando o conteúdo acessível tanto para especialistas quanto para leigos no assunto. A análise das legislações vigentes reforça a relevância do tema e a necessidade de medidas preventivas mais eficazes. Este livro não apenas informa, mas também capacita o leitor a se proteger contra ataques virtuais, tornando-se uma ferramenta indispensável para todos que utilizam o Internet Banking.

Utilização de Navegadores da Deep Web para Navegar na Internet: Uma Abordagem na Segurança da Informação e na Navegação Anônima[25]

De Jair da Silva Lima:

O livro **"Utilização de Navegadores da Deep Web para Navegar na Internet"** é uma obra essencial para aqueles que buscam maior privacidade e segurança ao navegar na internet. Com uma abordagem clara e objetiva, Jair da Silva Lima explora como os navegadores da Deep Web podem ser utilizados na Surface Web, destacando suas vantagens em relação à proteção de dados e anonimato. A obra se baseia em uma pesquisa detalhada, combinando fundamentos teóricos com experimentos práticos para analisar o desempenho de navegadores como Tor e Freenet. Além de apresentar conceitos fundamentais de redes de computadores e segurança da informação, o livro também traz testes comparativos entre

---

[25] https://clubedeautores.com.br/livro/utilizacao-de-navegadores-da-deep-web-para-navegar-na-internet

diferentes navegadores, evidenciando os impactos do mascaramento de IP, criptografia de tráfego e geolocalização. Com uma linguagem acessível, esta leitura é indispensável para profissionais de TI, estudantes e qualquer usuário preocupado com a privacidade online.

⫻ make

SOBRE OS AUTORES

Jair Lima[26]

Jair Lima é escritor, especialista em tecnologia e automação de processos, com vasta experiência no uso de ferramentas inovadoras para otimizar fluxos de trabalho. Atua como consultor e palestrante na área de automação inteligente, ajudando empresas e profissionais a transformar suas operações por meio do *Make.com*. Autor de diversas obras sobre tecnologia e segurança da informação, Jair tem como missão tornar o conhecimento acessível a todos, capacitando pessoas a utilizarem a tecnologia de forma estratégica e eficiente.

Jair Lima. Escritor. Membro da Academia de Letras RS. Membro do IBDR. Graduado em Redes de Computadores (2014), Pós-Graduado em Governança de TI (2015), Pós-graduado em Tecnologia Google for Education (2019), Pós-graduado em Investigação Forense e Perícia Criminal (2021), MBA em Contabilidade Empresarial (2022), Especialista em Teologia (2024), email jairslima@gmail.com, clique para saber mais "https://linktr.ee/Jairslima"

---

[26] https://clubedeautores.com.br/livros/autores/jair-da-silva-lima

Jackson Mallmann[27]

Dr. Jackson Mallmann é professor e pesquisador na área de Redes de Computadores e Segurança Computacional no Instituto Federal Catarinense. Especialista em automação, segurança digital e integração de sistemas, traz sua experiência acadêmica e prática para enriquecer este guia. Sua colaboração na obra reflete seu compromisso com a inovação e a aplicabilidade do *Make.com* no contexto profissional e empresarial.

Dr. Jackson Mallmann. Professor no Instituto Federal Catarinense: Redes de Computadores e Segurança Computacional. http://lattes.cnpq.br/4046837503511326

---

[27]

https://buscatextual.cnpq.br/buscatextual/visualizacv.do;jsessionid=5CFCA300 2CB4ED01F8F8B300B434365D.buscatextual_0